ナツメ社
保育シリーズ

子どもの力が
伸びる

0歳児の
保育
12か月

横山洋子 [監修]

ナツメ社

はじめに

新しいクラスの担任になった際、ワクワクと同時に、1年間どのように保育していけばよいのかと一抹の不安がよぎるでしょう。子どもたちの1年間の発達を見通して、どの時期に何を育てていくのかを考え、発達に必要な経験ができるように環境を整えなければなりません。

　ご安心ください。本書は、そのような保育者のみなさんのご要望に応えるために登場しました。まず0歳児の1年間をざっと見通し、指導計画の立て方も、ていねいに解説しました。それから月ごとの子どもの姿や保育のアイデア、あそびを載せています。さらに、子どもへのことばかけや保護者対応についても、エッセンスを取り上げました。

　特に大切にしていただきたいのが、子どもの育ちの読み取りです。ぜひ、クラスの子どもの姿を記録し、何が育っているのか、今後はどのように援助していきたいかを書いてみてください。必ず保育力がアップします。

　本書が、保育者のみなさんの助けとなり、クラスの子どもたちの笑顔につながることを願っております。

横山洋子

もくじ

Part ① クラスづくり

Part 2 保護者対応

Part 3 指導計画

付属CD−ROMには、年間指導計画・個人案のほか、おたよりに使える
テンプレート、イラスト、文例、製作あそびや壁面かざりの型紙を収録。
使用される前に289ページの「CD−ROMをご使用の前に」を必ずお読み
ください。「CD−ROMの使い方」は、CD−ROM内のPDFでご確認いた
だけます。

「0歳児の保育12か月」でレッツ保育！

この1冊で0歳児はおまかせ！

この1冊さえあれば、0歳児クラスは大丈夫！　この本の使い方と、0歳児の保育の基本を紹介します。

特に注目したいのが
「0歳児のケア＆生活」
そして

「0.1.2歳児
保育のキホン」
だニャ！

巻頭カラー特集では
0歳児の保育で
必ず知っておきたい
基本をおさえられるんニャ

現場に沿った
シーンで
わかりやすく
説明している
ニャ〜！

基本も
しっかり

「『指導計画』の立て方」は
6ステップでOK！

6ステップで
わかる！

製作アイデアも
すぐに
使えるね！

かわいい＆
わかりやすい

 保育のキホン

愛着関係や養護と教育についてなど、保育をする上で知っておきたい基本をおさらい。「3つの視点」「5領域」「10の姿」についての理解も深まります。→34ページ

 指導計画

子ども一人一人の発達を保障し、主体的な活動を支援するための方針が指導計画です。各項目に何を書くか、わかりやすく解説しています。→38ページ

 製作・壁面かざり

発達に合った製作あそびを活動に取り入れて、指先を動かすあそびを充実させて。また、室内を楽しく彩る季節の壁面かざりもおすすめです。→44ページ・52ページ

Part1では 毎月の保育に役立つ情報を月ごとに掲載!

各月のあそび

各月で取り入れたいあそびアイデアを掲載。保育者とふれあえる1対1でのあそびや友達と関われるアイデアが盛りだくさん!

見通し・環境・援助

1年を4期にわけ、見通しをもった保育をするためのポイントをまとめました。0歳児ならではの環境構成、保育者の援助の情報もたっぷり!

手あそび・うたあそび

0歳児にぴったりの手あそびやうたあそび。子どもの発達に合わせ、いっしょにあそぶことができます。

> これなら迷わずに0歳児の保育ができそう!

読み取ろう 子どもの育ち

あそびや生活のシーンから、子どもの育ちを読み取りました。どういった視点で子どもを見守ればよいか参考になるはずです。

> 0歳児の生活やあそびの援助のしかたが満載ニャー!

環境構成&援助

保育者は、ねらいに即した環境を構成し、必要な援助をします。子どもの主体的な活動をいかに引き出せるかがポイント。かける言葉もとても重要です。

あそびアイデア

乳児期の子どもはあそびの中で成長し、必要な力を獲得します。ねんね→寝返り→おすわり→立っちといった発達段階に合わせて、いっしょにあそびましょう。

子どもの育ちの読み取り

子どものあそぶ姿、生活のなかでの姿を広い目でとらえ、その子の成長の節目をキャッチしましょう。育ちの芽は、どのシーンにも必ずあります。

Part2では連絡帳をメインに 保護者対応を詳しく掲載!

わかりやすい!

これは安心!

連絡帳

保護者との連絡ツールである連絡帳の文例を17本掲載。書くときの参考になります。

Part3では年間計画・ 個人案をたっぷりと!!

CD-ROMつき

指導計画

指導計画をたてる際に役立つボリューム感!「内容」には関連する3つの視点も入れました。

Part4ではおたよりイラストと文例を 月別に用意したので活用してほしいニャーン!!

まるっと1冊で 0歳児クラスの クラス運営に 自信がつくニャー!

よっしゃー

やったー

おたより

各月のクラスだよりなどのおたよりで使えるイラストが満載。文例もあるのでかんたんにおたよりを作ることができます。

 保護者対応

保護者と保育者は協力し合い、子どもの育ちを喜び合える関係でありたいもの。さまざまなタイプの保護者への対応をチェックし、よりよい保育につなげましょう。→211ページ

 年間計画・ 個人案

指導計画はクラス運営の基本。年間計画を立てた上で月案→週案→日案と、より具体的に考えます。各園の方針や環境、子どものようすに合わせて立案します。→227ページ

 おたより

おたよりは家庭へ情報を伝える大切なツールです。保護者にとってわかりやすく、思わず読みたくなるおたよりを作りましょう。→261ページ

0歳児の保育 のポイントは…

メリハリのある
生活リズムを
つくる

気持ちよく
なったねー

ねんね
だよー

一緒に
お散歩だね

温かい笑顔で寄り添い、
心地よいケアをする

保育者や友達との
温かい出会いを演出する

この
3つニャー！！

ふむふむ

なるほど

そして何よりも
大切なのは…

ありがとう、
ネコちゃん！

わたしたち、
これからの1年が
楽しみになって
きたよ！

担任の1年間を
ナツメちゃんと
ヤマダさんが
楽しむこと！

体の発達

0か月

運動機能
- 腹ばいで頭を持ち上げる。

食事
- 個人差はあるが、2〜3時間おきに、1日7〜8回ミルクを飲む。

排泄
- 授乳のたびに排尿があり、おむつが濡れたことを感じて泣く。

3か月

- 首がすわり始める。
- 手にふれたものを握り、口に運んでなめて確認する。
- 授乳間隔が定まり、1日5〜6回の授乳になる。

心の発達

0か月

人間関係
- 眠っているときに、微笑んでいるような表情を浮かべることがある（自発的微笑）。
- 空腹など不快な状況を、泣くことで周囲の人に知らせる。

あそび
- 動くものを目で追う、音のするほうを向く。

3か月

- あやされたことに反応して笑う、社会的微笑が始まる。
- 人の識別ができ、特定の人からの関わりに、声を発して反応する。
- 「いないいないばあ」や「たかいたかい」などの関わりを楽しむ。
- ガラガラなどを持たせると、しばらく持っていられる。
- 自分の手をじっと見る（ハンドリガード）。

発達を押さえた関わり

愛着関係を育む

授乳・おむつ交換・入眠などの日常生活の関わりの中で、抱っこされたり、話しかけられたり、あやされたりする経験を繰り返すうちに、その心地よさを感じていきます。欲求や不快を泣くことで表したり、心地よさを微笑みで表したりする子どもに、保育者が応答的に関わることで愛着関係は育まれます。不快を表したあとに、気持ちのよい感覚が味わえるよう、言葉をかけたり抱っこしたりします。

6か月

- 寝返りができ始める。
- うつぶせの姿勢で体をささえることができる。

- スプーンで湯冷ましなどを飲めるようになる。
- だ液腺が発達し、よだれが多くなる。

- 睡眠のパターンに昼夜の区別がつくようになると、睡眠中の排尿が減り、起きているときの排尿の回数が増える。

- うつぶせからあお向けなど、姿勢をかえることができる。
- 両手でささえながらおすわりができる。

- 下の歯が生え始め、離乳食が始まる。

- おなかを床につけ、腕で進む「ずりばい」ができる。
- おすわりが安定し、座りながら物をつかんだりする。

- 特定の人に対して笑顔を見せるが、見慣れない人の顔はじっと見る。

- 自発的に手を伸ばして物をつかみ、ふれてあそぶ。
- 手や物を口に運び、なめて確認する。

- 人見知りが始まる。
- 自分から相手を呼ぶような声を出す。
- 親しい大人が手を差し伸べると、喜んで体をあずける。

- 模倣あそびを楽しむようになる。
- 手でつかんだり引っ張ったり、つかんだ物を離したりする。

- そばにいた人がいなくなると泣く。
- 喃語（なんご）で大人とやり取りをする。
- 「不快」が「怒り」や「嫌悪」、「恐れ」に分かれていく。

- ずりばいで、興味のあるところへ行く、ほしい物をつかむ。

人見知り

　知らない人が近づいてきたり、抱っこしようとしたりすると嫌がる姿を見せる、人見知りが見られる時期です。知っている人と知らない人を見分ける力が備わり、家族や特定の保育者など「安心できる人」と愛着関係を築く一方で、「安心できるかどうかわからない人」に対する不安が生じます。保育者は「大丈夫よ」「○○さんだね」などと伝え、温かな表情で対応します。

社会的参照（しゃかいてきさんしょう）

　初めての人や場所、初めての玩具など、初めての場面において、子どもは大人の表情や発話の雰囲気から、大丈夫なのかどうかを確認します。初めて保育園に登園する日など、保護者の不安が子どもに伝わらないよう、保育者と保護者が和やかな雰囲気をつくり出すと良いでしょう。

9か月

体の発達

運動機能
- 両手とひざを床につけた「四つんばい」ができる。
- つかまり立ち、つたい歩きが始まる。
- 座位からつかまり立ちへ、立位から座位へなど、姿勢変換ができる。

食事
- 上の前歯が生え、口を上下に動かして食べる。

排泄
- おしっこの回数が1日10〜15回くらいになる。

11か月

- 物をつまむ、のせる、入れる、くっつける、相手に渡すことができる。

- 尿が膀胱にたまった感覚を感じられるようになり、声を出して知らせたりする。

心の発達

人間関係
- 個人差はあるが、人見知り、後追いが激しくなる。
- 声を出して大人を呼ぶ。
- 欲しいものがあると声を出し、手や指を向けて示す。
- 禁止やほめられた言葉がわかる。
- 大人の言葉をまねする。
- あそんでいたおもちゃを取られると、泣く。
- 「○○したい」など欲求はあるが、言葉では伝えられず、理解してもらえなくて歯がゆい思いをすることがある。

あそび
- 読み聞かせに興味をもつ。
- 一人で座っておもちゃを手に持ってあそぶ。
- スイッチやボタンなど、押すと変化が生じることに気づき、繰り返し楽しむ。
- 「ばんざい」や「バイバイ」など、言葉と結びつけながら大人の動きを見てまねる。

発達を押さえた関わり

後追い（あとおい）

　大好きな人の姿が見えないと不安を感じて泣いたり、追いかけていこうとしたりする「後追い」が見られます。複数の子どもを担当している保育園では、食事のしたくや着替えなど、順番に対応していくこともあるでしょう。「待っててね」「○○持ってくるからね」「すぐに戻るよ」など、安心感を与えるような声を、具体的にかけます。

探索行動（たんさくこうどう）

　はいはいができるようになると、自分の行きたいところへ自分の力で行くことができ、探索範囲が広がります。安全に配慮しながらも、興味・関心をひき、おもしろさや不思議さのある環境が求められます。例えば、なだらかな斜面や段差、くぐることのできるトンネルや隠れる場所などは、子どもの能動性の発揮も促します。

1歳

● 自力で床から立ち上がることができる。

● 手づかみで食べることができ、自分で食べる。

● 一人歩きが始まる。

● 親指と人差し指で物をつまむ。

● やわらかい物をかみ切るようになる。

● 排泄のときにいきんだり、排尿のときに立ち止まったりする。

● 物を持ったまま立ち上がる。

● ひものついた玩具を引っ張りながら歩く。

● 好き嫌いがでてくる。

● 声や身振りを用いて、意思表示をする。

● 得意がる、照れる、可愛がるなどの感情を示す。

● 初めての言葉（初語）が出る。

● 友達に関心を持ち始める。

● 指差しなどを用いて大人と物を共有する（三項関係）。

● 「いや」と言うようになる。

● 大人からの言葉による簡単な指示が理解できる。

● 積み木をつかむ、並べるなどしてあそぶ。

● 歩くことを楽しみ、押し車などを使って歩きながらあそぶ。

● 曲に合わせて体を揺らす。

● 絵本に興味をもち、めくったりする。

三項関係（指差し、共同注意）

　言葉で要求を表すことができない子どもにとって、指差しは要求を伝える重要な手段です。子どもの興味を共感的に受け止め、言葉を添えることで、物と言葉、言葉と意味がつながっていきます。子どもと目線を合わせ、同じ物を共有するときに、子どもの感じている世界に言葉を添えるようにしましょう。

言葉

　初めての言葉が出る時期は、喃語を使った表現から、単語ひとつで言いたいことを表す「一語文」の時期に差し掛かります。子どもの発話に応じて言いたいことを繰り返したり、例えば「チョウチョウ」という発話に対して「チョウチョウね、飛んでるね」など子どもが伝えたいことを言葉にしたりして、ていねいに対応しましょう。

1歳3か月

体の発達

運動機能

- 一人歩きが安定する。
- 車のおもちゃを手で動かす。

- 階段をはいはいで上がり下がりする。

- 物や道具を操ることができるようになり、クレヨンを打ちつけてなぐり描きをする、積み木を2～3個積み上げるなどする。

食事

- コップで飲めるようになる。

- スプーンで食べることができるが、うまくすくえないこともある。

排泄

- 排尿の感覚がわかり、排尿したことや排尿したいことをしぐさや言葉で伝えることがある。

心の発達

人間関係

- 自我が芽生え始め、自己主張が強くなる。
- 簡単な問いかけに答えられる。

- ほめられると同じことを繰り返す。
- 「自分のもの」という意識が生まれる。
- 大人の言葉をまねする。

- 感情が発達し、気持ちをストレートに伝える。

あそび

- すべり台など大型遊具であそぶ。
- シール貼りなど、親指と人差し指でつまんで貼る。

- ボールを投げたり、蹴ったりし、それを追いかける。

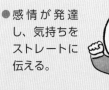

- 型はめ、積み木、穴にボールや棒を入れる遊びなど、一人あそびをする。

発達を押さえた関わり

自我の芽生え

自己主張が激しくなり、「自分で」「ヤダ」が多くなり、自分で何でもしたがるようになります。やりたい気持ちはあっても、体の機能が追いついていないなど、もどかしさを味わってイライラすることもあります。「もっとやりたいね」「自分でしたいのね」と、子どもの気持ちを受け止め、選択肢を用意する、具体的な解決策を考えるなどします。

「ジブンデ」

子どもの「ジブンデ」は主体的な自己の表れですが、一方で生活を営む上ではいつもそれが受け入れられるとは限りません。そのような時でも、子どものやりたい気持ちに共感し、できたことは認め、励まし、子どもが自分で決めた責任を感じられるようにしましょう。

1歳6か月

- 小走りができるようになる。
- 手すりを持って1段ずつ階段を上下する。

- 歩行が安定し、方向転換、速度の調整ができる。
- 低い段差から飛び降りる。

- しゃがんだ姿勢のままあそぶことができる。

- 離乳が完了する。
- こぼすこともあるが、スプーンを使って食べられるようになる。

- お椀を持って飲む。

- 食事の時間になると促されてすわり、準備を待つことができる。

- 排便したいことがわかり、テーブルなどにつかまっていきんだりする。

- トイレやおまるに興味をもつ。

- 「自分で」が強くなる。
- 発語数が増え、語尾の抑揚で肯定や疑問を表す。
- 「これ」「あれ」などの指示語や「ちょうだい」などを用いて、欲求を言葉で伝える。

- 思いを言葉で伝えられず「かみつき」が生じることがある。
- 二語文を用いて会話をする。

- 大人からの言葉による指示に行動で答える。

- 見立てるあそびが始まる。

- ボールのやりとりができる。
- クレヨンなどを持って点を描いたり、腕を動かして線を描いたりする。

- ままごとのような再現あそびをする。
- 絵本の中の簡単な繰り返しの言葉をまねする。

かみつき

思っていることを言葉で表すことがまだまだ難しい時期には、「おもちゃを取られて嫌だった」「あそびを邪魔された」など、理由を伝えることができずに感情が高まって、かみついてしまうことがあります。かみついた理由を探りつつ、かみついた子、かみつかれた子それぞれの気持ちに寄り添います。また、環境や保育の流れ、それに伴う保育者の動きなど、かみつきを防ぐことができる配慮を考えてみましょう。

見立てるあそび

ダンボールを電車や車に見立ててあそぶなど、見立てるあそびができるようになります。これは、目の前にないものでも、過去の経験の記憶や、想像力を働かせて再現してあそんでいるのです。子どものイメージが広がるようなシンプルな積み木や空き箱などをまず用意してみます。

2歳前半

体の発達

運動機能
- 歩行が完成し、歩いたり走ったりして動き回れる。
- 階段を一段ずつ上り下りできる。
- 速い・遅い、強い・弱い、高い・低いなどがわかり始め、動きを調整するようになる。

食事
- 乳歯が生えそろう。
- スプーンやフォークを使って食べる。
- 苦手な食材を嫌がる。

排泄
- 尿意を感じて伝えたり、トイレまで我慢したりなど、コントロールできるようになる。
- おしっこの回数は1日に7～9回、うんちは1日に1～2回になる。

心の発達

人間関係
- 第一次反抗期（イヤイヤ期）が表れる。
- 「見てて」と言うことが多くなる。
- 他者の表情（笑っている、泣いているなど）を理解する。
- 自尊心が芽生え始める。
- 自分の物、友達の物がわかる。
- 「こんにちは」「さようなら」など簡単なあいさつをする。

あそび
- 保育者や友達と人形のお世話やままごとをする。
- 指先の機能が発達し、ひも通しや型はめなどをする。
- 手あそびを楽しむ。
- 簡単なルールの鬼ごっこのようなあそびを楽しむ。
- 友達といっしょにいて同じようなあそびをしていても、ほとんど関わることなく一人であそぶ（並行あそび）。

発達を押さえた関わり

自我の拡大（イヤイヤ期）

　「これがやりたかったのよね」「こっちが欲しかったんだよね」など、子どもの思いを受け止めます。繰り返し関わることで、「受け止められ、受け止める」心地よさから、他者を受け入れる自分を構築し始めます。その場しのぎの「受け流す」ではなく「受け止める」関わりをもちましょう。また、子どもも自分の欲求が理解してもらえないとイライラし、そのうちに混乱して元々の欲求がわからなくなる場合も。思い切って場面を切り替えることで、気分が変わることもあります。

「見てて」

　子どもの「見てて」には、例えば階段を上手に上れるところを見てもらって「ほめられたい」と期待している場面もあれば、平均台を渡るような際に「ちょっと怖いから近くにいてほしい」と不安になっている場面もあります。どちらも「先生は見てるよ」が伝わる声をかけていきます。

2歳後半

- 片足立ち、横歩き、後ろ歩き、つま先立ちなどができる。

- 食欲のむら、食事中のおしゃべりなどが見られることもある。

- 朝や午睡のあとなど、おむつが濡れていないことがある。

- ジャンプや、片足飛び（ケンパ）をする。

- 箸への興味が出てくる。

3歳

- 基本的な運動能力が身につく。

- 自分でトイレに行って排泄できるようになり、おむつが取れる（個人差がある）。

- 友達の名前を呼んだりし、いっしょにあそびたい気持ちが高まる。

- 三輪車などに興味をもち乗ろうとする。

- 指先が発達し、はさみでの1回切り、のりを使って紙を貼るなどができるようになる。

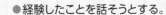

- 経験したことを話そうとする。
- 相手に自分の要求を言葉で伝えられるようになってくる。
- ルールや決まりを意識するようになる。

- 砂場など感覚的なあそびを楽しむ。
- 粘土で見立てて何かを作る。

- 物を貸し借りしたり、順番で使ったりすることができる。
- 特に好きな大人など、人の役に立つことを喜ぶ。

- 絵本やアニメの主人公になりきってあそぶ。
- 簡単なルールやストーリーのあるあそびを楽しむ。
- 友達と関わってあそぶこともできるが、一人のあそびも楽しむ。

自己と他者の違い

　自分と友達がやりたいことが違ってトラブルになることもあります。自分と他者が異なる欲求や感情を抱くことを、「〇〇ちゃんはこっちがよかったんだって」など、言葉で説明しましょう。他者の意図や感情を想像する力の育ちにつながっていきます。

「貸して」

　友達との関わりが増えてくると、物を共有する必要が生じたりします。「貸して」に対してすぐに貸すことが難しい場合もありますが、「〇〇ちゃんも使いたいんだって」など思いを伝えるとともに、貸すことができたらその姿を認めることで、子どもが「こうなりたい自分」に近づけるようにします。

21

0歳児の ケア & 生活

0歳児の毎日は授乳（離乳食）、睡眠、排泄などが中心。日々成長する姿を見守りながら、発達の違いに合わせたケアをしていきましょう。

環境と関わり

安心してくつろげる保育室

ケガや誤飲のリスクを排除するなど安全の保障を第一とした上で、家庭的な雰囲気の中で安心して生活でき、のびのびとあそべる環境を整えましょう。

片づけやすく、取り出しやすい絵本や人形の棚。

玩具は1日1回消毒します

生活とあそびの空間を分ける

1日の生活の流れに合わせ、保育者の動線なども考えながら保育室の環境を整えます。食事の際に、あそびの空間が目に入らないように仕切ったり、授乳のための落ちついたスペースを確保することなどもポイント。動きが活発になることも想定し、安全面、衛生面での配慮をします。

握りやすい玩具

素材や感触が心地よく、握りやすいサイズの玩具を用意します。

パーテーションで区切る

ほかのスペースに入れないよう移動可能なパーテーションで仕切ると便利。

おむつ交換台は落ち着いた場所に

おむつ交換台は、常に清潔に保ちます。

言葉で伝えられない0歳児。泣くのは大事なコミュニケーションの手段です。

子どもの要求を読みとる

0歳児は泣くことでさまざまな要求を伝えようとします。空腹なのか人見知りか、あるいは体調が悪いのか…なぜ泣いているかを知ろうとするうちに、泣き方から自然に読みとれるようになります。「〜だったんだね」と思いに共感し、気持ちを代弁することで、子どもの不安は解消されます。

気持ちをわかってくれる保育者への、信頼が深まっていきます。

チョウチョウだよー

泣いている子を抱き、外を見て気分転換をします。

check｜泣きへの対応

● 抱っこしてぬくもりを伝え、背中などをさすりながらゆっくり揺らす。

● 気分が変わるように園庭に連れて出て、外気浴をする。

● お母さんのおなかにいた感覚を思い出すように、おくるみでしっかりめに包む。

● 音楽をかけて落ちつかせたり、音の出る玩具を見せて興味を移す。

目の届くところで、はいはいに誘うなどして運動を引き出します。

応答的に一人と関わってあそぶ

この時期は特定の保育者と愛着関係を築くことが大切。「自分は大切にされている」と感じることがその後の人間関係にも影響します。1対1で関わる時間を大切に。玩具は発達に合ったあそびができるよう、さまざまな感触のもの、押したり引いたり単純な操作を楽しめるものを用意しましょう。

押したり引いたりすると音のする玩具。声をかけて興味をひきましょう。

ネコさんいたねー

スキンシップをとりながら、一人の子とじっくりと関わります。

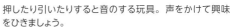

ブッブーこんにちは

授乳

授乳（じゅにゅう）

授乳を通して、信頼関係を確かなものに

授乳は保育者との信頼関係を築く大切な時間。優しく語りかけながら行うことで、子どもの心は安らぎ、情緒も豊かに育まれます。

リラックスできる安定した抱き方で

授乳の場所をいつも同じにし、保育者もリラックスできる姿勢で行うことが子どもの安心につながります。おむつを交換し、さっぱりしたあと、「ミルクを飲もうね」と声をかけて飲ませます。1回の授乳は10〜15分くらいで終えるように。飲む量や飲み方などに体調が表れるので、普段と比べてどうかなど、ようすをよく見ましょう。

目を合わせて
目を見て、「いっぱい飲んでね」と語りかけながら授乳します。

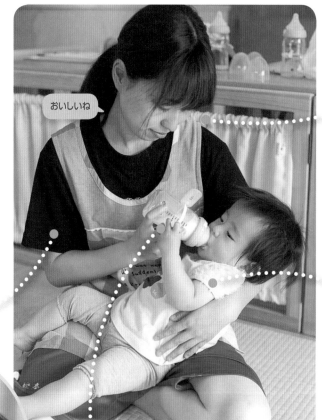

おいしいね

楽な姿勢で
頭が下がりすぎないように子どもを抱き、保育者も楽な姿勢で。

あごの下にガーゼ
ミルクがたれても安心なように、ガーゼなどを当てます。

ほ乳瓶はななめに
顔と直角になるくらいに瓶を傾け、乳首がミルクで満たされた状態を保ちます。

水平にすると空気が入る

乳首の奥までしっかりくわえさせる

授乳後に、げっぷを出す

授乳後には縦抱きにし、背中を下から上になでたり、トントンと優しくたたくようにするとげっぷ（ミルクといっしょに飲み込んだ空気）が出ます。出ないまま寝かせるとミルクをもどし、気管に詰まる恐れがあります。授乳中に寝てしまった場合は顔を横向きにして寝かせ、ようすを見守りましょう。

調乳室は衛生管理を徹底

調乳(ちょうにゅう)は、保育室などとは別に設けた調乳室で行います（室内に手洗い用シンク・調乳器具を洗浄、殺菌する機器・調乳用温水器等を設置）。器具は手洗いを十分に行ってから扱います。殺菌済みのトングなどを使うとよいでしょう。調乳に不要な物品は置かず、定期的な清掃で室内の衛生環境を保ちます。

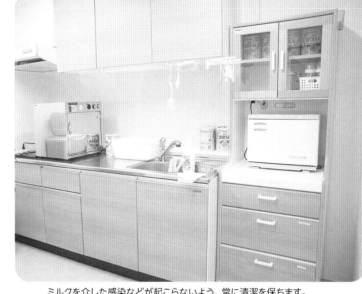

ミルクを介した感染などが起こらないよう、常に清潔を保ちます。

飲んだ時間・量・ようすを個別に記録し、保育者間で共有します。

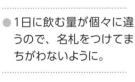 check 調乳の注意

● ほ乳瓶のサイズや乳首の形状は、家庭のものと合わせる（個別に対応）。

● 1日に飲む量が個々に違うので、名札をつけてまちがわないように。

● 授乳時の姿勢（抱く際の頭の向き）など、家庭でのようすを聞いておく。

ミルクのつくりかた

手を洗う
石けんで洗い、消毒液で消毒します。

殺菌した容器を出す
消毒しておいたほ乳瓶や乳首を用意します。

粉ミルクを入れる
粉ミルクはつくり方に従い、正確に計ります。

湯を入れる
70℃以上で保温している湯を注ぎます。

温度を確認
自分の手首で適温かを確かめます（少し温かく感じる程度）。

名前と量を確認
まちがいのないよう、ほかの保育者とも確認し合います。

初めての味を体験する子ども

離乳食が始まると子どもは初めての味を知り、口にできる食材が日々増えていきます。食事が楽しくなるように、一人一人とていねいに関わりましょう。

一人一人の育ちに合わせて

5〜6か月頃から開始する離乳食も、個人差があるため、育ちに合わせた援助をします。食材の固さ、食べる全体量や一口の大きさなども個々に合わせます。離乳食を楽しむ経験が、食への意欲につながるため、食べさせるだけにならないよう、口に入れる前に食材名や味を伝えるなど、ていねいに関わります。

飲み込み具合や咀嚼のようすを見て、それぞれに合ったサポートを。

食具に興味をもち始めます
自分でスプーンを持ちたがったら、まずは一口分をスプーンにのせて差し出してみましょう。

手づかみ食べは目と手と口の協調運動
手づかみ食べの経験ができるように、一口大にしたおかずを皿に用意します。

子どものほうから器やスプーンに口を寄せるようになります。

スプーンの介助のしかた

正面から口元へ
1口分をすくい、正面から真っすぐ口元に運びます。

子どもが取り込むのを待つ
子どもが顔を寄せて食べ物を口に入れるまで待ちます。

持ち上げるように引く
口を閉じた状態でスプーンを引き、食べ物をぬぐいとるように動かします。

背中にクッション

背筋が伸びるよう、背当てを入れて調整します。

安定して食べられるように

食べる際は各自の体に合ったいすを用意します。床に両足がつくように足台を置き、おしりがずり落ちないよう背当てを入れて、背中が真っすぐになるよう調整しましょう。姿勢が安定すると食べることに集中できます。

一人でいすに座れない場合は、保育者がひざの上に抱いて座ります。

「ごちそうさま」のあとは

食後には「ごちそうさま」の声をかけ、「口の周りを拭こうね」など、声をかけてから口元や手をきれいに拭きます。徐々にそのタイミングで口を閉じるようになります。エプロンを外す際も声をかけるなど、次の行動を伝えながら行います。

「お口を拭いて、さっぱりしようね」

家庭との連携を

離乳食の状況については各家庭とこまめに情報共有を。記名したエプロンや口拭きタオルは各家庭で用意してもらいます。

食事用エプロン・口拭きタオル

排泄

「気持ちいい」"快"の感覚が伝わるように

子どもはおしりがぬれた「不快」さが、清潔になり「快」に変わることをおむつ交換を通して感じます。楽しく心地よい時間になるように接しましょう。

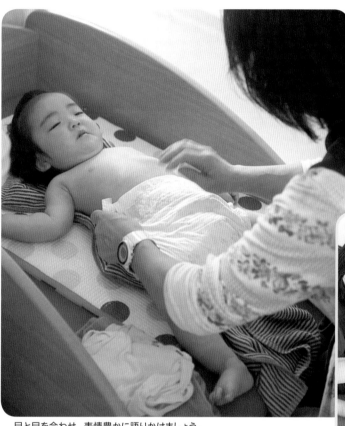

目と目を合わせ、表情豊かに語りかけましょう。

おむつ交換は手早く声をかけながら

おむつは一人一人のタイミングを見て、手早く交換。「ぬれちゃったね。おむつを替えようね」と話しかけながら、いつも同じ手順で行います。子どもがリラックスして心地よさを感じられるように、うたいかけたり、スキンシップをとることも大切。交換後は「さっぱりしたね」と声をかけましょう。交換時間・量・ようすなどは個別に毎回記録します。

きれいになった

両手を握り、腹筋・背筋を使って起き上がる手助けをします。

おむつ替えの手順

① 首のうしろを支えながら、おしりを交換台に優しく下ろす。

② 新しいおむつを敷き、汚れたおむつを外す。

③ ウエットティッシュなどで汚れを拭く（女子の場合は前からうしろに向かって）。

④ 足を上げる際は、股関節を痛めないようおしりの下に手を添えて支える。

⑤ ギャザーなどが折れ込んでいないか、きつくないかを指を入れて確認する。

おむつ替えは待たせずスムーズに

園ごとにおむつ替えの環境はさまざまですが、交換台の近くには消毒剤を置き、使ったらすぐに拭く習慣をつけて清潔を保ちましょう。子どもを待たせずにスムーズに交換できるよう、必要なものや、おむつを捨てるゴミ入れは近くに配置します。

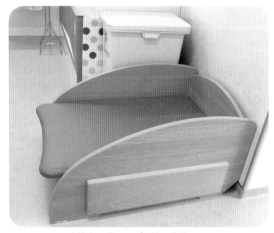

交換台の横に、ゴミ箱を準備しておくと便利です。

赤ちゃん用のワセリン

ゴミ袋

マスク　　使い捨ての手袋　　おむつ替え用シート

清潔

「清潔にする心地よさ」が身につくように

手洗い、口の周りを拭く、汗をかいたら着替えるなど衛生面でのサポートは多様です。おむつ替えと同様、言葉かけで快・不快の感覚を伝えましょう。

言葉で感覚を伝える

子どもの欲求による食事や排泄と違って、清潔にする習慣はなかなか身につきにくいもの。鼻かみや手洗いの際は「きれいにしようね→きれいになったね」、沐浴のときは「汗を流そうね→さっぱりしたね」など、清潔にすることで気持ちよくなる感覚が伝わるよう、場面場面でていねいな言葉をかけます。

鼻かみ

畳んだティッシュを鼻の下に当てて引くと、鼻周りを傷めません。

手洗い

最初はおしぼりで拭き、月齢が上がったら洗面所でいっしょに洗います。

沐浴

湯温を確認してから行い、前後に水分補給をします。

29

いつでも心地よく眠れる環境を

睡眠は子どもの成長を促すための大切な時間。一人一人の睡眠の長さや間隔などのリズムを把握し、心地よく安心して眠れる環境を整えましょう。

よく眠る子、目覚めやすい子など、眠りの特徴はさまざまです。

あお向けで寝ているか 睡眠姿勢をチェック

個人差はありますが、0歳児はおおむね1日2回の午睡（ごすい）をとります。一目で見渡せる場所に子どもを寝かせ、睡眠中は保育者が必ずそばについて、心地よく眠れているか見守るとともにSIDS（乳幼児突然死症候群）の危険排除につとめます。あお向けで寝ているか、顔色や呼吸は正常か5分おきにチェックして記録しましょう。

睡眠中はそばにつき5分おきにようすをチェック。個々の記録をとります。

check SIDSの対応

● あお向けに寝かせ、布団が顔にかからないようにする。寝具は硬めにし、枕は置かない。

● 5分おきに顔色や呼吸の確認を（目視だけでなく、体や胸にさわり呼吸音も確認）。

● 異変を感じた場合のマニュアルを園で決め、掲示しておく。

睡眠の記録から、 個々のリズムを把握

月齢や生活リズムによって違う、一人一人の睡眠の時間や間隔、眠りの特徴を記録します。家庭と連携し、家庭での睡眠のようす（就寝・起床時間・夜泣きの有無など）についても記録をとり、個々の睡眠リズムや特徴を把握しましょう。

優しく揺らしながら子守歌をうたい、眠りに誘います。

寝られない子には個別に寄り添い、安心できるよう声をかけます。

手を握ったりさすったりと、体にふれて安心させます。

入眠時の個々のパターンを知る

授乳したあとや、あそんだあとは眠りに入りやすいものですが、なかなか寝つけない場合もあります。家庭での睡眠時の習慣を聞き、お気に入りのタオルを渡したり（寝たら外す）、背中を優しくさするなど、眠りに入る一人一人のパターンを見つけて眠りに誘いましょう。

眠りやすい環境を整える

パーテーションなどでほかの活動スペースとは仕切り、できるだけ静かな環境を整えます。室温と外気温との差を5℃程度に調整し、湿度も管理します。心地よい音楽を静かに流したり、ほのかな香りをただよわせて眠りに導くのもよいでしょう。

布団を敷く前に掃除をするなど、衛生管理に気を配る。

ブラインドやカーテンでまぶしすぎず、子どものようすがわかる明るさに調整。

着脱

いつもと同じ手順で安心感を

着替える場所や手順を同じにし、言葉かけやスキンシップで安心感を与えます。時間に余裕をもち、健康チェックも合わせて行うとよいでしょう。

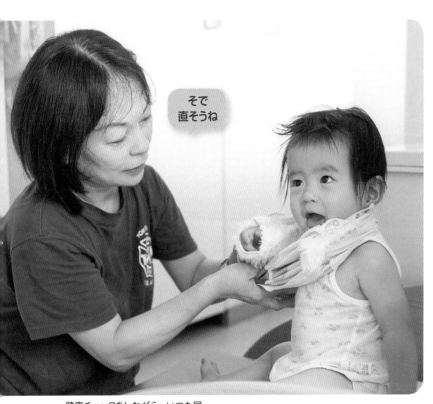

そで
直そうね

健康チェックをしながら、いつも同じ手順で行います。

心地よさを伝える言葉を

着替えは清潔な衣服を身につけ、身だしなみを整える大切な習慣。あそびや午睡後の活動の切り替え時や、汗をかいたタイミングで行います。言葉かけで着替えると気持ちがよいことを知らせましょう。自分で脱ごうとし始めたら、それぞれの子どもができる動作を見極めながら対応します。

心地よい感覚が伝わるような
言葉かけを。

さっぱりしたね

おきがえセット

肌に心地よく、着脱しやすい衣類を準備してもらいます。

汗ばんでいないか、
体にふれて確認します。

手足でなく衣服を動かして

　着脱の際、腕や足を無理に引っ張ると脱臼することがあるので注意します。腕や足は曲げたり軽く添えたりし、衣服のほうを動かしましょう。7か月以降になると保育者の声に応え、自分から手や首を曲げようとします。

脱ぐ

そで口に手を添え、腕をそっと曲げてそでから抜く。

首回りを広げて持ち、頭からゆっくり外す。

寝たままの着替え

子どもの腕は動かさず、服のそでを動かして着せる。

着る

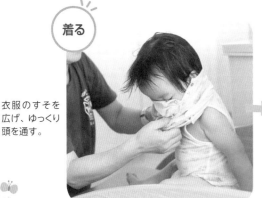

衣服のすそを広げ、ゆっくり頭を通す。

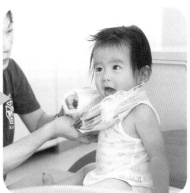

腕をそっと曲げ、すそとそで口を引きながら、そでに通す。

くつ下やくつの着脱

　くつ下やくつを履く際は、保育者と子どもが同じ向きになると、感覚が伝わります。手順を声に出しながら行います。保育者の動きに合わせて体を動かすなど、着替えに参加するようになり、くつ下を自分で脱ごうとする子も出てきます。衣類はもちろん、くつ下やくつも、着脱しやすいものを家庭に用意してもらいましょう。

くつ下

ゆとりのあるサイズで、丈の短いくつ下が履きやすい。

くつ

構造がシンプルで、ベルトなどでとめるタイプがおすすめ。

0.1.2歳児 保育のキホン

この時期、「最も大切なこと」って何ですか？

愛着関係を形成することでその子らしさを発揮する

家庭から園へ来た子どもは、どんなに幼くても環境の変化を敏感に察知し、抱かれ方や耳に入る音の違いも感じ取っています。そんな子どもに、まずここは安心できる場所だということ、そして「あなたに会えて、保育をすることができてうれしい」と思っている私（保育者）がいることを全身で伝え、心地よく過ごせるように関わることがまず大切です。

信頼関係を十分に築いたら、子どもはのびのびと自己を発揮し、身近なものに働きかけたり、要求を声や表情や行動で表したりするでしょう。その思いを受け止め、よりよい育ちのために援助を続けることが私たちの仕事です。

禁止したり我慢させたりすることは避け、子どものエネルギーをよい方向へ意味のある出し方ができるように、一人一人を導く必要があります。

●愛着関係の築き

すぐそばに安心できる人がいる
＝基本的信頼感

生きる力 と
豊かな心 を
育む

自分は無条件に愛されている
＝自己肯定感の育ち

34

「養護」と「教育」といいますが、どう考えればいいですか?

「養護」と「教育」は一体で展開されていくもの

「養護」とは、子どもの生命の保持及び情緒の安定を図るために保育者が行う援助や関わりです。快適にそして健康で安全に過ごせるように配慮します。また自分を肯定する気持ちが育まれるような関わりが大切で、自分で考えて自分で行動するという主体性を培うことが求められます。

「教育」とは、子どもが健やかに成長し、その活動がより豊かに展開されるための発達の援助です。保育所保育指針や幼保連携型認定こども園教育・保育要領では、「保育の内容」の「ねらい及び内容」として教育に関わる側面からの視点が示されています。

けれども実際の保育においては、0、1、2歳児の保育も3歳以上児と同様に、養護及び教育を一体的に行う必要があります。これは、「養護」か「教育」かと線引きすることに意味はありません。「教育」のねらいが何を指しているのかをよく理解し、それらの言葉を使って子どもの育ちを語ったり、計画の中に入れたりできればよいのです。

子どもに必要な経験を言葉で示せるか

ただ目の前の子どものお世話をしているだけでは、「教育」していることにはなりません。その子のよりよい発達のために、保育者は何を目指してどのような援助を心がけているかを言葉で示す必要があります。5領域の中でどの側面なのか、どのようなねらいなのか、短期の指導計画にきちんと記し、評価や記録の中にも具体的に子どもの姿と共に省察されていることが求められます。

「養護」と「教育」の関わり

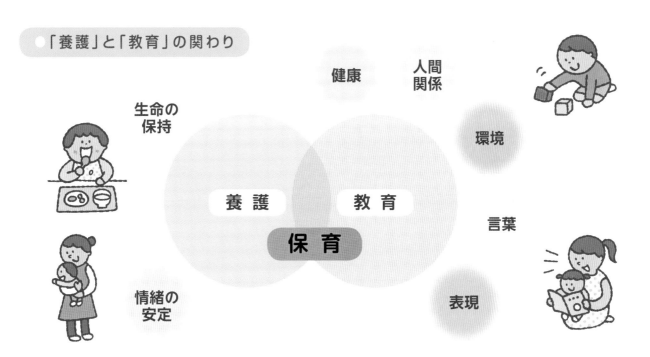

生命の保持

情緒の安定

養護　教育

保育

健康　人間関係

環境

言葉

表現

この時期の「環境構成の基本」は？

人的環境、物的環境そして温かな雰囲気を

　保育者や友達などの人的環境、施設や遊具などの物的環境、また四季の自然やお正月、オリンピックなどの社会の事象なども大切な環境です。十分な運動スペースや誤飲などの事故が起こらない安全な環境は、0、1、2歳児の保育において特に留意する必要があるでしょう。さらに子どもを急かすことのない、ゆったりとした時間を確保することも大事な環境です。

　それから、いつも保育室に泣き叫ぶ声が響くことは、子どもを不安にさせます。場の雰囲気も環境のひとつとして捉え、その場にふさわしい空気をつくりましょう。ここで子どもはどんな気持ちになるかを、常に考える必要があります。

●自分から探索できる場

子どもが自ら関わり、五感を通して探索行動ができるよう、興味・関心がもてるものを近くに置いて見守ります。

●安全の確保

これはやめておこう

指や頭をつっこんで抜けなくなる、なめた際に有害物質が体内に入る、誤飲で喉を詰まらせるなどの事故がないように整えます。

●温かな親しみとくつろぎの場

快適な空間で自分のしたいことができ、安心して寝転がることもできる場です。信頼できる保育者がいつも見守ります。

●人との関わりを楽しむ場

いってらっしゃい

同年齢の子どもや異年齢の子ども、地域の方などいろいろな人と出会い、関わることは楽しいと経験できます。

子どもをどういう視点で見ればいいのでしょうか?

0歳児は身体的、社会的、精神的な発達を見る

0歳児は、「健やかに伸び伸びと育つ」という身体的に関する視点、「身近な人と気持ちが通じ合う」という社会的発達に関する視点、「身近なものと関わり感性が育つ」という精神的な発達に関する視点で捉える必要があります。

ありのままの子どもの姿を受け止め、愛情豊かに応答的に接し、生理的・心理的要求を満たし、心地よく生活できるように支えながら、どのような反応をしたかを記録し、ほかの保育者と発達の見取りを共有します。

1、2歳児は5領域の視点

1、2歳児は運動機能が発達し、さまざまなことが自分でできるようになる時期です。昨日できなかったことが今日できるようになることもあります。その反面、個々によって発達は異なるので、その子のペースに合わせて気長につきあい、見守ったり仲介したりする必要もあります。

この子は今、5領域のどこに興味・関心があるのかを捉え、子どもの姿を事実で書き留めておきます。また、「10の姿」の芽も見え隠れしているはずです。

●乳児(0歳児) 3つの視点

- 健やかに伸び伸びと育つ
- 身近な人と気持ちが通じ合う
- 身近なものと関わり感性が育つ

●1歳以上3歳未満児 5領域

- 健康
- 人間関係
- 環境
- 言葉
- 表現

●幼児期の終わりまでに育ってほしい姿「10の姿」

- 健康な心と体（健康）
- 自立心（人間関係）
- 協同性（人間関係）
- 道徳性・規範意識の芽生え（人間関係）
- 社会生活との関わり（人間関係）
- 思考力の芽生え（環境）
- 自然との関わり・生命尊重（環境）
- 数量や図形、標識や文字などへの関心・感覚（環境）
- 言葉による伝え合い（言葉）
- 豊かな感性と表現（表現）

これで、すらすら書ける！

「指導計画」の立て方

よりよい「指導計画」のためには どうすればいいですか？

目の前の子どもの姿を読み取る

まずは、目の前のありのままの子どもの姿を捉えましょう。何に興味をもっているのか、次に発達するところはどこなのか、その発達のために保育者は何を準備すればよいのかを考えて計画を立てます。

④ 改善する

次の計画を立てる際、どこをどのように変えれば、より子どもの育ちにつながるかを考えます。考え続けることが保育者としての成長に直結します。

① 計画する

0, 1, 2歳児の発達に必要な経験を、どのように積み上げるか考えます。「ねらい」「内容」を決め、無理のない計画を楽しく立てましょう。

Plan

Action　保 育　Do

③ 評価する

実践した保育の中で、どこにどのような子どもの育ちがあったのかを導き出します。そして「援助はもっとこうするべきだった」など、振り返って検証します。

Check

② 実践する

計画通りに行うことが大事なのではありません。その場の子どもに応じた、必要な経験ができるよう計画を臨機応変に変更することも必要です。

各項目に何を書くのか教えてください。

「次はこんな姿を見せるだろう」を思い描く

子どもは精一杯の生を輝かせて、今を生きています。次にはこの方向へ成長すると見通し実現できるように、その助けになることを考えて書きます。

1 現在の「子どもの姿」を捉える

「育ち」の事実を、整理して考える

まず、現在の子どものようすを知ることから始めます。子どもが何に興味をもち、何を楽しんでいるかを捉えます。計画を立てる際は、していたことを羅列するのではなく、子どもがどこまで育っているのかがわかる姿を事実として書きます。また、どんなときにどんな行動をとるかも記しましょう。「ねらい」の根拠となります。

2 "育ってほしい姿"=「ねらい」を考える

子どもの中に育てたいものを考える

「ねらい」には、保育者が子どもの中に育つもの、育てたいものを、子どもを主語にして記します。「子どもの姿」や年、期、月の「ねらい」を踏まえて導き出しましょう。このような姿が見られるといいな、という保育者の願いをいくつか書いてみると、「ねらい」にしたくなる文が出てきます。

❸ 「ねらい」を具体化して「内容」を考える

育ちのための、具体的に経験させたいこと

「ねらい」を立てたら、次にどのような経験をすればその「ねらい」に子どもが近づけるかを考えます。この「ねらい」に近づくために子どもに経験させたいことが「内容」です。具体的に、日々の生活の中でこのような経験をさせたい、ということをあげます。これも、子どもを主語にして書きましょう。

❹ 「内容」を経験できる「環境」の準備を考える

ここに机を出そう

試したくなるような環境を準備する

「内容」にあげたことを、子どもが経験できるように環境を整えます。主体的に行動できるような物的環境をつくりましょう。遊具は何をどのくらい出しておくか、手ざわりの違いを味わわせるには何が適当か、散歩はどこへ行き、何を見て何とふれあうかなど具体的に考えます。

❺ 「予想される子どもの姿」はあらゆる姿を想定する

「子どもはきっとこう動く」を予想する

環境設定をしたところへ子どもが来た際、どのような動きをするか予想します。また友達に手が出たり、かみついたりする場合は、イライラがたまらないように、その子の好きなあそびが十分にできるような想定を中心にすえます。

じ～っ

❻ 「保育者の援助」でどうサポートするかを考える

いれて～

はい

子どもの何に配慮するか考える

子どもが「ねらい」に近づくように、「内容」で書いた事柄が経験できるための援助を考えます。「予想される子どもの姿」でマイナスな姿が予想される場合は、対策を考えて書いておきます。「～の子には～する」とさまざまな想定をしておくと、援助の幅が広がります。

「指導計画」の書き方の
注意点を教えてください。

指導計画を書く際に気をつけたい、6つのポイントを紹介します。

① 現在形で書く

指導計画は、明日のこと、一週間先のことなど、未来に起こることを想定して書くものです。けれども、文章は「〜するだろう」という未来形ではなく、「〜する」という現在形で書きます。「〜している」「〜していく」という現在進行形にもなりがちですが、文章が長くなるので、避けた方がすっきり読めます。

✗ 色水あそびやシャボン玉あそびを楽しむだろう。

○ 色水あそびやシャボン玉あそびを楽しむ。

② 子どものリアルな姿を書く

指導計画を書いている本人は、いつも子どもと接し近くで見ているので、具体的なようすがわかりますが、主任や園長など、毎日接していない人には、どういう姿のことを指して記述しているのかイメージできないことがあります。子どものようすがリアルに思い浮かべられるような、具体的でくわしい記述を心がけましょう。

✗ 保育室でのびのびと好きなあそびを楽しんでいる。

○ ままごとで、野菜のおもちゃをなべに入れて、料理することを楽しんでいる。

③ 「〜させる」を控える

成長を促すために、さまざまな経験をさせたいと保育者は願いますが、「〜させる」という文が多いと、保育者が指示をして、子どもは従わされているような印象になります。「〜するよう促す」や「〜できるように配慮する」など、主体的に行動する子どもを保育者がサポートするニュアンスを大切にしましょう。

✗ 水や泥の感触を味わわせる。

○ 水や泥の感触を味わえるようにする。

④ 「〜してあげる」を控える

保育者は子どもにさまざまな援助をしますが、それを、「〜してあげている」と思っているようでは困ります。子どものために保育をするのが保育者の仕事ですから、恩着せがましい表現をするのではなく、どちらかというと、「保育させていただいている」という謙虚な気持ちで書きましょう。

✗ 汗をかいたら拭いてあげる。

○ 汗をかいたらタオルで拭く。

⑤ 「まだ〜できない」視点で見ない

子どもは常に成長の過程にいます。「まだ〜できない」とできていないことに着目しないで、「ここまで発達したところだ」とできていることに着目し、育ちを肯定的に捉えましょう。そして、次の課題に向かおうとする子どもを温かい目で見つめ、立ち向かえるように陰ながら応援するのです。

✗ 気に入った遊具であそぶが、長続きしない。

○ いろいろなあそびに興味があり、少しずつ試している。

⑥ 同じ言葉を繰り返さない

子どものようすや状況を細かく説明しようとするあまり、同じような表現が続くと、ワンパターンな記述になってしまう場合があります。一文の中だけではなくそのあとに続く文にも、同じ言葉を2回以上は使わないように心がけ、子どものようすを別の言葉でていねいに伝えましょう。

✗ 積極的に自分からトイレへ行き、自分で積極的にパンツを脱いで便座に座る。

○ 積極的に自分からトイレへ行き、下着も脱いで便座に座る。

技法別 製作あそび 取り組み方のヒント

0歳児の製作あそびには、扱いやすい道具や材料の事前準備が大切です。技法ごとに、保育者が配慮したい点を押さえておきましょう。

基本の準備

スタンプ台

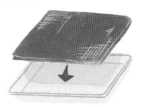

指スタンプなどには、食品トレーに絵の具をしみこませたガーゼやキッチンペーパーを置いてスタンプ台を準備します。

ぬれタオル

活動後すぐに、手や足についた絵の具を拭きとれるよう、ぬれタオルを用意します。

紙の設置

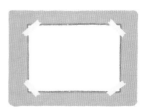

紙を机や床にマスキングテープで貼っておくと、製作中に紙がずれるのを防げます。

手形・足形

筆やスポンジで絵の具をつける

● 月齢に合わせて安定して座れるようにする（テーブルつきのいすを使う、保育者が子どもをひざの上にのせて支える）。

● 保育者が子どもの手のひらや足の裏に筆や絵の具をしみこませたスポンジで絵の具をつける。一人の保育者が手を開き、もう一人が筆で手早くぬるのもおすすめ。

● 指を広げるようにしながら、手を押さえて絵の具を写し取る。

指スタンプ

手を支えていっしょに行う

● 絵の具は濃い目に溶き、事前に試して濃度を調整しておく。

● 指1本で行うのが難しい場合は、保育者が人差し指を持っていっしょにスタンプする。

シール・ビニールテープ

貼りやすい向きで手渡す

- 台紙からはがしたり、指の向きを変えて貼ったりするのが難しいので、保育者が1枚ずつ貼りやすい方向にして手渡す。

- 最初は、直径15〜20ミリくらいの丸シールが扱いやすい。

- ビニールテープを短く切ったもので代用してもよい。

ペン・クレヨン

扱いやすいタイプを用意する

- 手が小さく、握る力が弱いため、持ちやすい形や太さのものを選ぶ。

- 筆圧が弱いので、やわらかいクレヨンやインクが出やすいペンなど、乳児向けのものがおすすめ。

- たたくように使うので、ペンはペン先が丈夫なものが使いやすい。

- 口に入れたり、体に描いたりすることもあるので、注意して見守る。

袋や容器に詰める

子どもの発育に合わせて
材料や容量に配慮する

- 小さく切った紙や布、丸めた紙など、月齢に合わせて詰めやすいものを使用する。

- 袋や容器が大きすぎると子どもが飽きてくるので、達成感につながるように飽きない程度の大きさにする。

くっつける

貼るものに合わせて
テープの間をあける

- あらかじめ、保育者が台紙に両面テープを3本ほど貼っておき、直前にはくり紙をはがしてから製作する。

- 子どもが好きな場所にくっつけられるようにする。

- 両面テープを貼る際には、くっつけるものの大きさに合わせて、両面テープの間隔を調整する。

テントウムシのメダル

指スタンプでテントウムシに模様をつけ
ます。メダルの裏には、手形を貼り合わ
せます。

材料 色画用紙（テントウムシ、手形用、名札）／
丸シール／リボン

道具 絵の具／筆

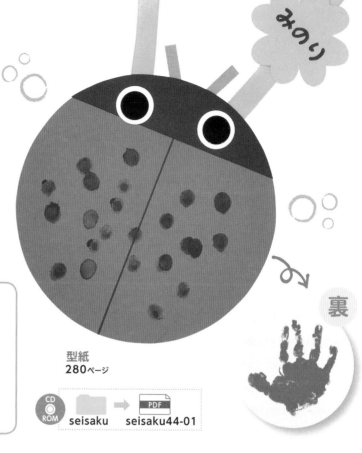

作り方

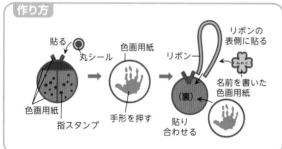

貼る
丸シール
色画用紙
リボン
リボンの
表側に貼る
名前を書いた
色画用紙
（裏）
色画用紙
指スタンプ
手形を押す
貼り
合わせる

裏

型紙
280ページ

CD ROM　seisaku　➡　PDF　seisaku44-01

あいり

丸シールのチョウチョウ

シールをぺたぺた貼るのが楽しい作品。
いろいろな色の丸シールを用意しましょう。

材料 色画用紙（チョウ）／丸シール／写真

作り方

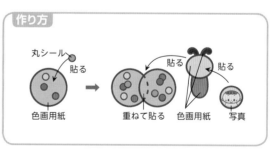

丸シール
貼る
貼る
貼る
色画用紙
重ねて貼る
色画用紙
写真

型紙
280ページ

CD ROM　seisaku　➡　PDF　seisaku44-02

手形&足形こいのぼり

こどもの日

手形と足形が成長記録にもなります。絵の具や色画用紙の色をアレンジしても。

材料 色画用紙・画用紙（こいのぼり、手形用、足形用、矢車）／スチロールポール／ビニールテープ

道具 絵の具／筆

作り方

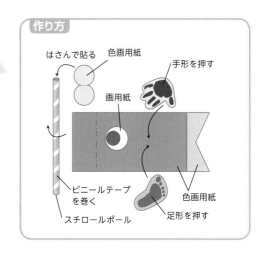

はさんで貼る　色画用紙
画用紙
手形を押す
ビニールテープを巻く
スチロールポール
色画用紙
足形を押す

型紙
280ページ

CD ROM　seisaku　→　PDF　seisaku45-01

ふっくらこいのぼり

こどもの日

丸めたお花紙や短く切ったリボンを袋に詰めます。カラフルなこいのぼりのできあがり。

材料 色画用紙・画用紙（顔、尾、台紙、名札）／ビニール袋／お花紙／リボン

作り方

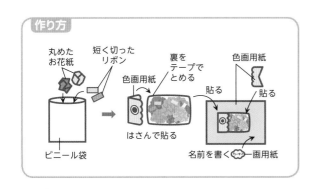

丸めたお花紙
短く切ったリボン
色画用紙
裏をテープでとめる
色画用紙
貼る
貼る
はさんで貼る
ビニール袋
名前を書く　画用紙

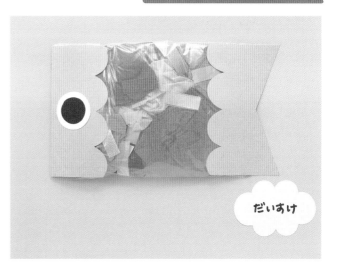

だいすけ

型紙
280ページ

CD ROM　seisaku　seisaku45-02

梅雨 綿棒スタンプの傘

綿棒をまとめると、手作りスタンプに早変わり。
ポンポンと押したり線を描いたり、思い思い
に楽しみましょう。

材料 画用紙（傘）／色画用紙（しずく、持ち手）／
綿ロープ

道具 絵の具／綿棒・輪ゴム（スタンプ）

作り方

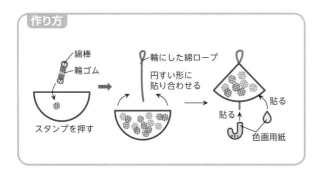

綿棒
輪ゴム
スタンプを押す

輪にした綿ロープ
円すい形に
貼り合わせる
貼る
貼る
色画用紙

やまと

型紙 **280**ページ
CD ROM → seisaku → PDF seisaku46-01

粘土で作る 手形の魚 夏

手につきにくく扱いやすい軽量紙粘土を活用します。
立体的な手形に絵の具を塗り、魚にアレンジ。

材料 色画用紙（台紙、名札）／カラー工作用紙（ひれ）／
軽量紙粘土／ボタン／絵の具

作り方

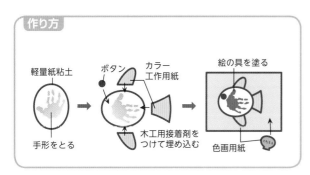

軽量紙粘土
手形をとる

ボタン
カラー
工作用紙
木工用接着剤を
つけて埋め込む
色画用紙

絵の具を塗る

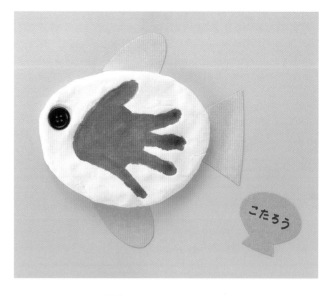

こたろう

型紙 **280**ページ
CD ROM → seisaku → PDF seisaku46-02

指スタンプの短冊

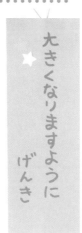

 七夕

3色の色画用紙で糸をはさんで貼り合わせます。カラフルで立体的な星がポイントです。

材料　色画用紙／糸／鈴

道具　絵の具

作り方

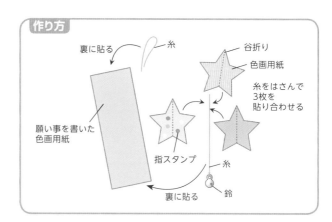

裏に貼る　　糸

谷折り
色画用紙
糸をはさんで
3枚を
貼り合わせる

願い事を書いた
色画用紙

指スタンプ

糸

裏に貼る　　鈴

型紙
280ページ

CD
ROM

seisaku　→　seisaku47-01　PDF

 七夕

ペーパー芯の笹かざり

保育者が貼っておいた両面テープにぺたぺたとくっつけるのを楽しみます。千代紙を混ぜて、にぎやかな印象に。

材料　トイレットペーパー芯／千代紙／折り紙／色画用紙
　　　（名札）／スズランテープ／たこ糸

作り方

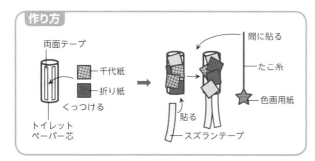

両面テープ

千代紙
折り紙
くっつける

トイレット
ペーパー芯

間に貼る

たこ糸

色画用紙

貼る

スズランテープ

えいと

型紙
280ページ

CD
ROM

seisaku　→　seisaku47-01　PDF

47

綿で作る ふわふわヒツジ

綿をくっつけて、ヒツジに変身させます。
あらかじめ保育者が綿を小さく丸めておくと、
子どもの手で扱いやすくなります。

材料 色画用紙（台紙、顔、足、鈴、名札）／綿

ゆうだい

作り方

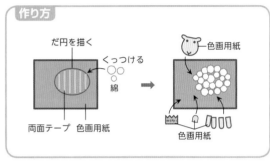

だ円を描く
くっつける
綿
両面テープ　色画用紙
色画用紙
色画用紙

型紙
280ページ

CD ROM　seisaku　→　PDF　seisaku48-01

ハロウィンの とんがり帽子

丸シールを貼った色画用紙を円すいにして帽子を作ります。
ハロウィンカラーのスズランテープでにぎやかに。

材料 色画用紙（帽子）／丸シール／スズランテープ／ゴムひも

作り方

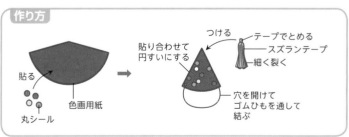

貼る
色画用紙
丸シール
貼り合わせて
円すいにする
つける
テープでとめる
スズランテープ
細く裂く
穴を開けて
ゴムひもを通して
結ぶ

ひかる

型紙 281ページ

CD ROM　seisaku　→　PDF seisaku49-01

クリスマス

クレヨンと丸シールのツリー

クレヨンが使えるようになった子どもにぴったりです。
金や銀の丸シールでクリスマスらしさをプラス。

材料 画用紙（ツリー）／色画用紙（星、土台）／丸シール

道具 クレヨン

作り方

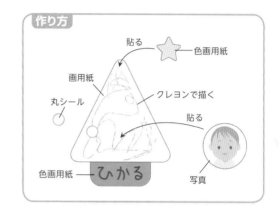

貼る
色画用紙
画用紙
クレヨンで描く
丸シール
貼る
色画用紙
ひかる
写真

冬　おいしそうな ミカン

子どもに身近なミカンは、取り組みやすいテーマです。
色画用紙にペンで点々を打つと、ミカンのできあがり。

材料 色画用紙（ミカン、名札）／毛糸／水切りネット

道具 ペン

作り方

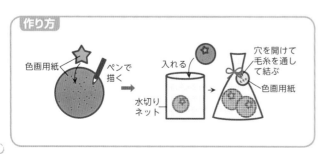

色画用紙
ペンで描く
入れる
水切りネット
穴を開けて毛糸を通して結ぶ
色画用紙

ももか

型紙 281ページ

CD ROM　seisaku　→　PDF seisaku49-02

手形の
おにのお面

手形で髪の毛に、丸シールで目を作ります。
絵の具や丸シールの色をアレンジしても。

材料　色画用紙／画用紙／カラー工作用紙／
　　　丸シール／輪ゴム

道具　絵の具

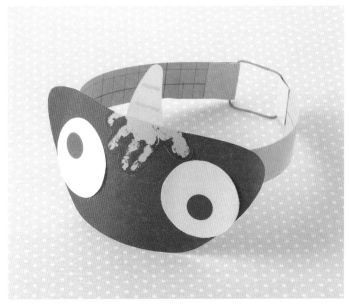

作り方

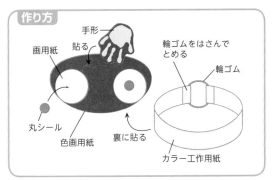

手形
貼る
画用紙
輪ゴムをはさんで
とめる
輪ゴム
丸シール
色画用紙
裏に貼る
カラー工作用紙

型紙
281ページ

CD ROM　seisaku　→　PDF　seisaku50-01

ビニールテープ
ぺたぺた豆入れ

ビニールテープを三角や四角に切り、シールとして
使います。色を混ぜてカラフルに仕上げます。

材料　色画用紙（鬼）／紙コップ／ビニールテープ／リボン

作り方

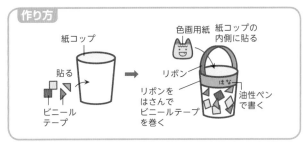

紙コップ
色画用紙　紙コップの
内側に貼る
貼る
リボン
ビニール
テープ
リボンを
はさんで
ビニールテープ
を巻く
油性ペン
で書く

型紙
281ページ

CD ROM　seisaku　→　PDF　seisaku50-02

モビールおひなさま

ゆらゆら揺れるのがかわいいモビールタイプ。
たんぽを押した色画用紙に手形を貼ります。

材料　色画用紙／写真／スチロールポール／
　　　ビニールテープ／糸

道具　たんぽ／絵の具

作り方

糸
ビニールテープを巻く
スチロールポール
糸を巻いてとめる
写真
貼る
色画用紙
貼る
手形を貼る
たんぽを押す

ひな祭り

型紙
281ページ

CD ROM　seisaku ➡ PDF seisaku51-01

ひな祭り

型紙
281ページ

CD ROM　seisaku ➡ PDF seisaku51-02

スズランテープのおひなさま

透明な容器にスズランテープを詰めて作ります。
びょうぶに千代紙をあしらって和の印象に。

材料　プラスチック容器／スズランテープ／色画用紙／
　　　キラキラ折り紙／千代紙／丸シール／牛乳パック

作り方

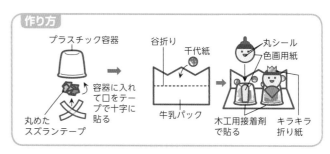

プラスチック容器
谷折り
千代紙
丸シール
色画用紙
容器に入れて口をテープで十字に貼る
丸めたスズランテープ
牛乳パック
木工用接着剤で貼る
キラキラ折り紙

壁面かざり 春

イチゴつみ楽しいな

イチゴは、カラーポリ袋でティッシュを包んだり、ハニカムシートを使ったりして、立体的に表現します。

材料　色画用紙／画用紙／カラーポリ袋／厚紙／ハニカムシート／ティッシュ／モール

型紙
282ページ

CD ROM　hekimen → hekimen52-01

お散歩に出発！

今日は、どこにお散歩に行くのかな？　ベビーカーの模様は、リボンを格子状に貼って作ります。

材料　色画用紙／画用紙／リボン

型紙
282ページ

CD ROM　hekimen → hekimen52-02

♪チューリップ

童謡「チューリップ」をテーマに、ニワトリ先生とヒヨコをプラス。おなじみの歌の世界が広がります。

材料 色画用紙／画用紙／キラキラ折り紙

型紙
282ページ

CD ROM　hekimen ➡ hekimen53-01

入園おめでとう！

子どもと作る

丸シールで羽をかざってチョウチョウを作ります。春らしい風景が新生活のスタートを明るく彩ります。

材料 色画用紙／お花紙／丸シール／ストロー

型紙
283ページ

CD ROM　hekimen ➡ hekimen53-02

おめでとう

子どもの作品

① 色画用紙に丸シールを貼ります。

② 保育者が①にストローと色画用紙の顔を貼ります。

53

夏

♪あめふりくまのこ

小川をのぞきこむクマの姿に思わず笑みがこぼれます。アジサイやカタツムリをあしらって、梅雨らしい風景に。

材料　色画用紙／画用紙／不織布／キラキラ
　　　折り紙／エアパッキン

型紙
283ページ

CD
ROM　hekimen → hekimen54-01

ゾウさんシャワー

束ねたスズランテープをシャワーに、エアパッキンを水面にと、透明感のある素材を活用して水を表現します。

材料　色画用紙／カラーポリ袋／スズラ
　　　ンテープ／キラキラ折り紙／厚紙／
　　　エアパッキン

型紙
284ページ

CD
ROM　hekimen → hekimen54-02

お昼寝タイム

　海辺のヤシの木、砂浜のカニ…と、夏らしさ満点！ ヤシの木にひもを結ぶと、ハンモックの雰囲気が出ます。

材料　色画用紙／画用紙／スズランテープ／ひも

型紙
284ページ

CD ROM hekimen → hekimen55-01

子どもと作る

海をスイスイ

　カラフルな魚とペンギンが仲よく泳ぎます。スズランテープをランダムに貼ると、海の広がりが感じられます。

材料　色画用紙／画用紙／キラキラ折り紙／ビニール袋／スズランテープ／キラキラテープ／丸シール

型紙
285ページ

CD ROM hekimen → hekimen55-02

子どもの作品

① ビニール袋にスズランテープを入れます。

② 保育者が袋をとじて、キラキラテープをとめます。

③ ビニール袋に丸シールを貼ります。

55

秋

ブドウが実ったよ

ブドウを見上げて、うれしそうな動物たち。ブドウは、お花紙やキラキラ折り紙、不織布などを混ぜて作ります。

材料 色画用紙／画用紙／お花紙／クレープ紙／キラキラ折り紙／不織布／厚紙／綿／リボン

型紙
285ページ

hekimen → hekimen56-01

落ち葉であそぼう

クラフト紙にスポンジで絵の具をつけ、グラデーションの葉っぱを作ります。指編みのマフラーをアクセントに。

材料 色画用紙／クラフト紙／毛糸

型紙
286ページ

hekimen → hekimen56-02

果物列車が出発！

実りの秋がやってきました。おいしそうなリンゴにブドウ、ナシをのせた列車に、夢が広がる壁面かざりです。

材料 色画用紙／画用紙／カラー工作用紙／厚紙／カラーポリ袋／布／キルト芯／綿ロープ

型紙
286ページ

 CD ROM hekimen → hekimen57-01

子どもと作る にこにこドングリ

子どもが変身したキュートなドングリが並びます。作品の数に合わせて、かごの大きさを調整しましょう。

材料 色画用紙／毛糸／写真

型紙
286ページ

 CD ROM hekimen → hekimen57-02

子どもの作品

① 保育者が色画用紙に写真を貼り、両面テープをつけます。

② 両面テープの部分に、毛糸をくっつけます。

壁面かざり

冬

メリークリスマス

サンタクロースを待ちわびて、動物たちがかざりつけの真っ最中。デコレーションモールで華やかに。

材料 色画用紙／画用紙／ひも／デコレーションモール

型紙
287ページ

CD ROM　hekimen　➡　hekimen58-01

おはなし大好き

みんなで絵本を囲むと、おはなしの時間のはじまりです。絵本は、段ボールを不織布で包んで立体的に作ります。

材料 色画用紙／画用紙／片段ボール／段ボール／不織布

型紙
287ページ

CD ROM　hekimen　➡　hekimen58-02

58

壁画かざり 冬

雪あそび
楽しいね！

　大きな雪だるまができるかな？　いろいろなキラキラ折り紙の雪の結晶を散らし、にぎやかな印象に。

材料　色画用紙／画用紙／キラキラ折り紙／厚紙／キルト芯

型紙
288ページ

hekimen → hekimen59-01

子どもと作る

雪合戦スタート！

　色とりどりのおうちが並ぶ銀世界で、寒さに負けず雪合戦。綿やキラキラ折り紙で表現した雪をあしらいます。

材料　色画用紙／キラキラ折り紙／カラーポリ袋／綿／写真

型紙
288ページ

hekimen → hekimen59-02

子どもの
作品

①　色画用紙にクレヨンで描きます。

②　保育者が色画用紙と写真を貼り、ペンで窓を描きます。

59

0-P60-01

0-P60-02

0-P60-03

0-P60-04

0-P60-05

0-P60-06

0-P60-07

0-P60-08

0-P60-09

0-P60-10

0-P60-11

0-P60-12

0-P60-13

0-P60-14

0-P60-15

おたよりイラスト 夏

CD ROM color → P61

0-P61-01

0-P61-02

0-P61-03

0-P61-04

0-P61-05

0-P61-06

0-P61-07

0-P61-08

0-P61-09

0-P61-10

0-P61-11

0-P61-12

0-P61-13

0-P61-14

0-P61-15

0-P62-01

0-P62-02

0-P62-03

0-P62-04

0-P62-05

0-P62-06

0-P62-07

0-P62-08

0-P62-09

0-P62-10

0-P62-11

0-P62-12

0-P62-13

0-P62-14

0-P62-15

0-P63-01

0-P63-02

0-P63-03

0-P63-04

0-P63-05

0-P63-06

0-P63-07

0-P63-08

0-P63-09

0-P63-10

0-P63-11

0-P63-12

0-P63-13

0-P63-14

0-P63-15

マーク・メダル

0-P64-01

0-P64-02

0-P64-03

0-P64-04

0-P64-05

0-P64-06

0-P64-07

0-P64-08

0-P64-09

0-P64-10

0-P64-11

0-P64-12

0-P64-13

0-P64-14

0-P64-15

0-P64-16

0-P64-17

0-P64-18

0-P64-19

0-P64-20

0-P64-21

0-P64-22

0-P64-23

今日から
役に立つ!

Part ①

クラスづくり

| 保育の見通し | 環境構成 | 保育者の援助 | ねらい・チェックリスト |

| あそび | 手あそびうたあそび | 絵本 | 読み取ろう子どもの育ち | 年度末の保育のヒント |

4〜6月の 保育の見通し

泣いてもいいんだよ

GW明けまでは、泣いて当然

生活の場が家庭から園に変わることは、子どもにとっては大きなこと。泣くのは当たり前、と長い目で大らかに見守りましょう。

保育の見通し 生活面

生活リズムは 一人一人に配慮して

午睡や食事のタイミングは子どもそれぞれ。家庭と大きな違いが出ないように、一人一人の生活リズムに対応します。少しずつ園の生活に慣れられるよう、大らかに迎え入れましょう。

保育の見通し あそび面

指先を使ってあそべる 手作り玩具を

回したり、めくったりが楽しい時期。指先を使える手作りの玩具を準備しましょう。保育者は笑顔でいっしょにあそんで信頼関係を構築します。

一対一で愛着関係を結ぶ

子どもが園で安心して過ごすためには、保育者を信頼することが一番。一対一で対応し、安定した生活を意識しましょう。

家庭でのようすを共有して

子どもを園に預ける保護者の気持ちに寄り添い、成長をともに喜び合える関係を築きましょう。家庭でのようすは、保育のカギになります。

保育の見通し　人との関わり

担任保育者との関わりを楽しめるように

人を観察してまねをしたり、拍手やバイバイをしたりと、他者との関わりを深めながらあそびましょう。子どもにとって園のすべては担任の保育者です。一対一の関わりを大切にし、いつも笑顔で接しましょう。

保育の見通し　保護者対応

毎日の準備はわかりやすい掲示で

着替えやおむつなど毎日の準備物は、保護者にもわかりやすいように設定し、置き方は写真で明示しましょう。保護者が園で戸惑わないよう、ていねいな情報伝達が必要です。

保育の見通し　安全面

個々の発達を見極め、危険箇所のチェックを

子どもは日々成長するため、発達に応じた安全対策が必要です。手の届く場所に口に入るサイズの物がないか、扉に安全対策をしているかなど、個々の成長を見ながら確認しましょう。

生活とあそびを
支える

4〜6月の

環境構成

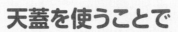

天蓋を使うことで
家庭的な雰囲気をつくる

安定した
生活

天井が低いと
安心できるね！

保育者は常に座って子どもと目線の高さを合わせます。子どもを見下ろすと恐怖心を与えるため、注意。

天蓋(てんがい)を天井に設置することで天井全体の印象が低くなり、また保育室内の光を柔らかく調整する効果があるため、家庭的な雰囲気をつくることができます。0歳児の目線に合わせた雰囲気づくりが、快適で安心できる園生活につながります。

ゴロゴロ、ずりばいが
自由にできるスペースを

安定した
生活

寝返りやずりばいが始まる時期は、畳やソフトマットなど、クッション素材のスペースを広く設定しましょう。ゆったりとした空間で、安全に体を動かすことができるよう配慮し、落ちている物がないようにします。

はいはいやつかまり立ちを
促す運動コーナーを

すべり台やソフトマット、牛乳パックで手作りした簡易的な台などを利用し、小さな段差のある運動コーナーを作りましょう。はいはいで上り下りしたり、そっと手を支えることで歩くことを楽しんだり、と足腰の力を養うことができます。「おいで、おいで」と声をかけ、やる気を引き出すのも大切です。

外でも
どんどん歩こう！

よいしょ、
よいしょ

運動あそびは安全に配慮し、少しずつ行いましょう。

戸外あそびでも、歩く子どもを見守ります。

スペースを区切り、
集中できる食事空間をつくって

初めの頃は、保育者と一対一で食事を行います。玩具や絵本など目移りするものが見えないようにパーテーションなどで区切ると、集中して食事に向き合えます。食事の量や固さ、大きさなどは個人の発達に合わせて対応しましょう。

モグモグ、
自分で食べると
おいしいな！

ゴックン！
おいしいね〜！

食事の時間は飽きないように20〜30分を目安にし、完食しなくても終わるようにします。おいしく楽しく食べることを大切に！

多少汚しても、食べる意欲を育みたいもの。こぼしてもすぐに拭けるようにふきんを用意し、手づかみ食べにも対応しましょう。

子どもの力を
伸ばす

4〜6月の

保育者の援助

4月 🌸

6か月未満

💗 一人一人の生活リズムを把握する

午睡やミルクのタイミングなど、まだ生活リズムが整わない時期。まずは食事と睡眠のサイクルを把握し、少しずつ園でのリズムをつくっていけるとよいでしょう。焦りは禁物です。

💗 手あそびでたくさんふれあって

♩＝70くらいのゆっくりとしたテンポのわらべうたや手あそびなどで、優しく体にふれてあそびましょう。ふれあいあそびは安心感につながり、信頼関係を築くのにぴったりです。

6か月以上

💗 少しずつ園での生活リズムに慣れていこう

睡眠や食事（ミルク）、あそぶ時間のサイクルを、園と家庭で連携し、少しずつ整うようにします。生活リズムが安定すると、自然に園での生活も活発になり、楽しく過ごせるようになります。

💗 "泣いても大丈夫" という心持ちで！

初めての大人や環境に不安を感じ、泣いてしまうことが多い時期。保育者が「泣いても大丈夫、そばにいるよ」というどっしりとした心持ちでいれば、子どもにもゆとりが伝わります。

5月 🌸

🖤 外気浴で、風の気持ちよさを味わう

室内で過ごすことが多い時期ですが、短い時間でも外の風にあたって心地よさを感じられるようにしましょう。抱っこで外の風景をいっしょに見ながら、適度な外気浴を取り入れていきましょう。

🖤 玩具を舐めたり かんだりして あそぼう

玩具を舐めたりかんだりすることで、その玩具がどのようなものかを知るきっかけとなり、お気に入りの玩具を見つけられます。衛生面に配慮し、経験を増やしましょう。

🖤 大好きな玩具を いっしょに見つけよう

園生活に慣れてくる頃。園にどんな玩具があって、どんなふうにあそぶのかをいっしょに見つけ、あそびましょう。保育者と子どもがあそびで関わることで、園で過ごす時間が楽しくなります。

🖤 午睡でたっぷりと休息をとれるように

午睡は休息のために大切なもの。午前中に眠ってしまうこともありますが、10〜20分で優しく起こし、お昼寝で2時間程度しっかりと休息をとれるように調整しましょう。

6月 ❀

🖤 ゴロゴロ、 ずりばいを 促すあそびを

寝返りやずりばいができるようになると、移動することが楽しくなります。音の鳴る玩具やボールなどを手が届きそうな場所に置き、体を動かすきっかけをつくりましょう。

🖤 離乳食は家庭と連携して

初期の離乳食が始まります。保護者、栄養士、担任が連携し、食材や量などを調整して進めましょう。一人一人の発達に対応します。

🖤 全身運動を楽しめる環境を

はいはいやつかまり立ちが始まり、一人で立つことができる子も出てきます。大型遊具や広い空間を作り、全身を使うあそびを取り入れていきましょう。安全に配慮し、無理強いは厳禁!

🖤 手づかみ食べで 自分で食べる 満足感を

自分で食べたいものを指差したり、手でつかんで食べるように。自分で食べられる喜びに共感し、手づかみ食べで満足感を得られるようにしましょう。

4月

* 保育者と関わりながら、信頼関係を深める。

* 生活リズムを大切にし、生理的欲求を満たし、心地よい生活を送る。

* 安心してあそぶことを楽しむ。

チェックリスト 🖉

☐ 温かい雰囲気を心がけ、特定の保育者が受け入れるようにする。

☐ 一人一人の生活リズムを把握し、家庭との連携を密にする。

☐ 哺乳量や離乳食を家庭と同様にし、その日の気分や体調に合わせる。

☐ 一対一でていねいに関わり、安心感をもてるようにする。

☐ ケガのないように、保育室内の安全を確保する。

あそび

ふれあい　ねんね〜

トントコ　ドーンドン

ねらい

＊ リズミカルな体の動きを楽しむ。

\ あそび方 /

足をリズムに合わせて動かす

寝ている子どもの足首を持ち「〇〇ちゃんのあんよ　トントコトン」のリズムに合わせて、交互に動かします。「ドーンドン」では、両足をいっしょに持って上げ下ろしします。

あそびのポイント

おむつ替えのあとや、機嫌よく目覚めているときなどにあそびましょう。

ふれあい　寝返り〜

おせんべくるん

ねらい

＊ 寝返りによる視界の変化を経験する。

準備する物

バスタオル、鈴など

\ あそび方 /

背中に手を入れて寝返りを促す

子どもの足を交差させ、たたんだバスタオルを背中に入れます。「おせんべ　くるん」と言いながら、バスタオルの下に手を入れて寝返りをそっと促します。腹ばいになったら、音の出るおもちゃを鳴らして興味をひきつけます。

保育者の援助

無理強いするのではなく、子どもの体の動きに合わせて補助をします。

Part
1

クラスづくり

4
月

73

ふれあい **おすわり〜**

ねらい
* リズミカルな言葉や動きのふれあいを楽しむ。

アリさんのピクニック

あそび方

① アリに見立てて

保育者と子どもが向かい合って座ります。保育者は子どもの手を取り、「アリさんチョコチョコ、ピクニック」と言いながら、指をチョキにして子どもの腕を歩くように上ります。

アリさんチョコチョコピクニック

② 花に見立てて

次に、「お花、みーつけた」と言いながら、子どもの鼻をつまみます。

お花みーつけた！

③ チョウに見立てて

今度は「チョウチョウ、みーつけた」と言いながら、子どもの両耳をつまみます。

チョウチョウみーつけた！

④ 頬を押さえる

最後に「○○ちゃん、みーつけた」と言いながら、両手を開いて子どもの頬を押さえます。

○○ちゃんみーつけた！

ことばかけ

「あ、アリさんが来たよ。こっちにはチョウチョウが飛んできた」

保育者の援助

子どもの反応に合わせて、ふれる場所に変化をつけましょう。「○○ちゃん、みーつけた」の言葉かけは、明るく、リズミカルに行いましょう。

バリエーション

いろいろみーつけた

池に見立てて、「小さなお池、みーつけた」と言いながら、子どもの目の周りにふれたり、「大きなお池、みーつけた」と言いながら、口の周りにふれたりします。

小さなお池！

大きなお池！

ふれあい 立っち〜

立っちでポイ

ねらい

* 物への興味を広げてつかまり立ちを促す。

準備する物

ボールなど小さいおもちゃ

\ あそび方 /

🍎 体を支えながらおもちゃを落とす

つかまり立ちしやすい高さの机の上に、握りやすいおもちゃなどを置きます。子どもの体を後ろから軽く支えながら、机の上のおもちゃを落としたり投げたりします。

保育者の援助 ・ ・ ・ ・ ・

子どもがおもちゃを落とすのに合わせて、「ポイだね」「ポイポイしよう」など声をかけます。

ポイしよう

ふれあい 立っち〜

腕につかまり１、２

ねらい

* 全身を使っての動きを楽しむ。

\ あそび方 /

🍎 腕につかまって体を動かす

保育者は座って片腕を曲げ、子どもは腕につかまって立ちます。子どもの動きに合わせて腕を上下させてあそびます。

保育者の援助 ・ ・ ・ ・ ・

保育者の腕は、子どもの背の高さに合わせてつかまりやすいよう配慮しましょう。

自然　はいはい〜

花びら雨

\ あそび方 /

① 花びらを拾う

園庭や公園で子どもと
いっしょに、いろいろな
花の花びらを拾います。

**② 高い所から
　 飛ばす**

保育者がすべり台など
の上から、拾った花びら
をサクラなら「ピンクの
雨だよ」、タンポポなら
「黄色い雨」などと言い
ながら、飛ばします。花
びらがひらひら舞うよう
すを楽しみましょう。

ピンクの雨、
黄色い雨だよ〜

ことばかけ

「先生が、花びらの雨を降らせますよ。み
んな拾ってね」

保育者の援助

花びらが空中に舞うようすがわかるように、少しずつ
飛ばしたり風にのるように落としたりします。子どもの
ようすを見ながら花びらを飛ばす位置を調整しましょう。

バリエーション

花びらのかくれんぼ

拾った花びらを子どもに見
せて「花びらどこいった?」と
言って、エプロンのポケット
に花びらをそっとかくします。
子どもはポケットに手を入れ
て「みーつけた」。花びらの
かくれんぼあそびです。

あったね

Part
1

クラスづくり

4
月

運動あそび	ねんね〜

のびのびマッサージ

ねらい
* 保育者とのふれあいを楽しむ。
体への刺激を感じる。

\ あそび方 /

1 子どもをあお向けに寝かせます。

2 声をかけながら肩から腰、つま先まで上から下へ何
度も優しくさすります。

上から下へさすり
ます。

保育者の援助
力加減が強くなりすぎないように注意。あくまでも優
しく、体温を伝える気持ちでゆっくりとさすりましょう。

運動あそび	寝返り〜

握っておすわり

ねらい
* 手指、体幹を鍛える。姿勢を変
えて視野を広げる。

\ あそび方 /

1 あお向けに寝かせた子どもの両手を握ります。

2 そのままゆっくりと引き起こします。

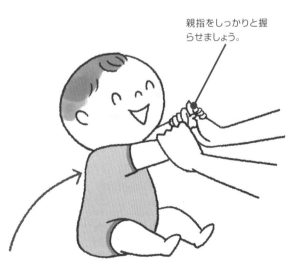

親指をしっかりと握
らせましょう。

保育者の援助
おすわりのときには、手を握ったままで。そしてゆっ
くりと再び寝かせましょう。

ちいさいまめ こーろころ

1 ちいさいまめ こーろころ

小指を軽くつまんで2回引っ張る。

2 ちっとふくれて こーろころ

薬指を軽くつまんで2回引っ張る。

3 もちっとふくれて こーろころ

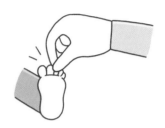

中指を軽くつまんで2回引っ張る。

4 もちっとふくれて こーろころ

人差し指を軽くつまんで2回引っ張る。

5 こんなにふくれて こーろころ

親指を軽くつまんで2回引っ張る。

🐑 あそびのポイント

おむつ替えのときに活用しよう

　足の指に刺激を与えることは、乳児の神経をはじめさまざまな機能を発達させます。おむつを交換したりお昼寝から目覚めたときに最適です。

♩=100　　　　　　　　　　　　　　　　　　　　　　　　　　　　　　　わらべうた

ち　さ　い　ま　め　　こー　ろ　ころ　　ちっ　　と　ふ　く　れ　て　こー　ろ　ころ

もちっ　と　ふ　く　れ　て　こー　ろ　ころ　　こんなに　ふ　く　れ　て　こー　ろ　ころ

🎼 おつむてんてんてん

1 1番 おつむ てんてんてん
「○○ちゃーん」

2 いない ないない
ないない

3 バァ
2番 ほっぺ ぽん…

保育者が両手で頭を軽くたたき、子ど
もがまねをする。子どもの名前を呼ぶ。

両手で顔を隠す。

両手をひらいて顔を出す。2番の❶両
手で軽く頬をたたく。❷以降は1番と同様。

作詞・作曲・振付／阿部直美

♩=96 あそびのテンポ

1. おつ む てん てん てん
2. ほっ ぺ ぽん ぽん ぽん

「○○ちゃーん」 いな い ない ない ない ない バァ

🎼 鳩

1 1番 ぽっぽっぽ
はとぽっぽ

2 まめがほしいか
そらやるぞ

3 みんなでなかよく
たべにこい
2番

子どもの両手を鳩のように上下さ
せる。

手をとり、7回拍手する。

子どもを立たせて、歌に合わせて軽く
ひざを動かす。2番は1番と同様にする。

文部省唱歌 振付／阿部直美

♩=96 快活に

1.2. ぽっぽっ ぽ はとぽっ ぽ

まめが ほしいか そらやる ぞ みんなで なかよく たべにこ い
まめは うまいか たべたな ら いちどに そろって とんでい け

絵本

ひよこ

卵からかえったひよこちゃんが散歩に出かけます。バッタの親子やウサギさん一家が話しかけても、とことこと急いで歩くその先に待っていたのは?

読み聞かせポイント

卵が少しずつ割れていく場面など、子どもたちの反応を見ながらゆっくりと読み進めていきましょう。

ぶん／中川 ひろたか
え／平田 利之
金の星社

おじょらぽん

「おじょらぽん おじょらぽん ねんねんねん」という不思議な言葉がおまじないのように繰り返され、いろいろな動物の子どもたちが眠りにつきます。

読み聞かせポイント

午睡前にピッタリ。子どもの体を優しくトントンしながら、子守唄のように読むのもオススメです。

文／はせがわ せつこ
絵／さいとう としゆき
福音館書店

いないいないばあ

ネコやクマなどの動物たちが、ページをめくるごとに「いない いない ばあ」を繰り返します。伝承あそびを親子で楽しめる不朽の名作絵本。

読み聞かせポイント

多くの子がおうちで読んだことのある絵本だけに安心するようです。いないいないばあを楽しみましょう。

ぶん／松谷 みよ子
え／瀬川 康男
童心社

あ・あ

「も・も（桃）」「く・く（靴）」など、赤ちゃんが親しみやすい音の重なる言葉が続きます。シンプルでかわいらしい絵も魅力です。

読み聞かせポイント

子どもからの声や指差しを楽しみましょう。み・み（耳）、て・て（手）とさわりながら読むのもオススメ。

さく・え／三浦 太郎
童心社

じゃあじゃあ びりびり

「みず じゃあじゃあじゃあ」「いぬ わんわんわん」。赤ちゃんの好きな擬音語が次々に登場。短い言葉とわかりやすい絵はファーストブックに最適。

読み聞かせポイント

蛇口から水を出すときなど、生活のなかで絵本の場面が出てきたら、思い起こせるようにぜひ声をかけてみて。

作・絵／まつい のりこ
偕成社

ぞうさん

童謡「ぞうさん」の詩にあわせて、ゾウの親子を色鮮やかに描いた絵本。シンプルな言葉から感じられる親子の絆に、心がじんわりと温まります。

読み聞かせポイント

うたい読みをするときは、めくる速度が速くなりがち。思っている以上にゆっくりと、絵を楽しみながらうたって。

詩／まど・みちお
絵／にしまき かやこ
こぐま社

読み取ろう 子どもの育ち

Aちゃん：6か月

 4月のようす

薄手の布団にあお向けに寝かせると、寝返りをしようと体を横に向けるが、ころんと戻ってしまう。そのまま見守っていると、また横を向いて今にも寝返りしそうだった。

玩具を片手に持たせると、もう片方も添えて両手で持ち、なめたりじっと見たりしてよくあそんでいた。

読み取り

3つの視点 健やかに伸び伸びと育つ

※ この場面での子どもの育ち

明日にでもあお向けからうつぶせに寝返りができそうに見える。できるようになりたいというようすで、何度も自分で繰り返していて、こんなに幼いのにすごいすごいとうれしくなった。また、手に持った玩具をよく見ていて、目と手の協応ができてきた。

 今後の手立て

足で蹴って寝返りをしやすくするため、足元にバスタオルなどを畳んでおき、蹴って勢いをつけやすくしようと思う。うつぶせになれたら、目の前に玩具を置き、頭や肩を持ち上げてあそべるようにしたい。

Bくん：10か月

 4月のようす

棚の上の花柄のティッシュケースを見つけ、つかまり立ちをしてつま先で立ち、手を伸ばして取ろうとしている。少し無理がありそうだったので、ティッシュケースをさりげ

なく近くに寄せてあげると、取ることができた。ティッシュケースを手にして、「取れたよ」と言うように満足そうにこちらを見た。

読み取り

3つの視点 身近な人と気持ちが通じ合う

※ この場面での子どもの育ち

全身を使って絶対にティッシュケースにさわりたい、手に取りたいという気持ちが感じられた。手足の指先を目いっぱい伸ばして取ろうとする姿にガンバレ！と、応援したくなった。自分の力で興味をもった物を手にできたことは、「またやってみたい」という意欲につながったようだ。

 今後の手立て

興味をもってさわってみたくなるよう、色や音、素材に配慮した玩具を棚の上に置こうと思う。「自分で取れた」「うれしい！」という気持ちにも笑顔で応えたい。また、棚の上に危険な物は置かないように注意していく。

チェックリスト

- [ ] スキンシップや名前を呼んで、大切にしている気持ちを伝える。
- [ ] 持ち物や生活の流れについて、保護者にわかりやすく連絡する。
- [ ] 「おいしいね」と言葉をかけ、食事の喜びを感じられるようにする。
- [ ] やりたいことが十分にできるスペースを確保する。
- [ ] 手ざわりの異なる素材の玩具を用意する。

あそび

ふれあい　ねんね〜

ムシャムシャパックン

ねらい

* 保育者が手足など、体にふれることで安心感をもつ。

準備する物

マット（布団）

\あそび方/

1 手を食べるまね

パックン

あお向けに寝た子どもの両手首を軽く握り、保育者の顔に近づけて「ムシャムシャパックン」と言いながら、食べるまねをします。

2 足を食べるまね

食べちゃうぞ〜

次に、子どもの両足首を持ち、保育者の顔に足を近づけて「あんよも食べちゃうぞー」と言いながら、食べるまねをします。

3 体をくすぐって

ムシャムシャ

今度は「ムシャムシャ」と言いながら、両手で子どもの体をくすぐります。

4 他の部位も食べるまね

パックン

最後に「パックン!」と言いながら、子どもの胸やおなかを軽くつまみ上げます。

ことばかけ

「わあ、とってもおいしそう〜!　ちょっと食べてみようかな?」

保育者の援助

1つ1つの動作ごとに子どもと目を合わせ、語りかけるように行います。「○○ちゃんは、おいしいな」などと言いながら食べるまねをします。

バリエーション

ひざの上で

ムシャムシャムシャー

保育者が足を伸ばして座り、ひざの上に子どもを寝かせます。「ムシャムシャムシャ」と言いながら、子どもの体のいろいろな部位をくすぐります。

かしわもちちゃん

ね ら い

＊ 保育者といっしょに、リズミカル
　なあそびを楽しむ。

準備する物

小さいタオル

\ あそび方 /

① 手にタオルを　かぶせる

子どもをひざにのせます。子どもの手にタオルをかぶせ「もっちりもちもちかしわもち」のリズムで握ります。

もっちり
もちもち
かしわもち

タオル
ハンカチ

② タオルを　はずす

「はっぱを　とって」でタオルをはずします。

はっぱを
とって

③ 食べる　まねをする

両手を持って「パクパクパクッ」で食べるまねをします。

パクパク
パク

④ 頬に　当てる

「ああ　おいしい」で子どもの手を頬に当てます。

ああ
おいしい

ことばかけ

「おいしそうなかしわもちを、作ってあそびましょう」

保育者の援助

「もっちりもちもち…」言葉はリズミカルに言いましょう。全身でリズムを感じられるように、ひざを上下に揺らしてもいいでしょう。

バリエーション

向かい合っても

おすわりが安定してきた子どもは、保育者と向かい合ってあそびます。「パクパク　パクッ」のところは、保育者が食べるまねをしても楽しいです。

もっちり
もちもち
かしわもち

ふれあい　立っち〜

するりん　すべり台

ねらい

＊ すべる感覚や保育者とのふれあいを楽しむ。

準備する物

いす

\ あそび方 /

1 足の間に立つ

保育者はいすに座ります。両足の間に子どもを立たせ、両脇に手を入れて支え「○○ちゃん、立っちしたね」と言いながらひざにのせます。

2 足をすべる

保育者はひざを伸ばして、子どもをすべり下ろします。

3 床にドン

体を支えたまま床に下ろします。

立っちしたね〜

するするりん

ド〜ン

ことばかけ

「立っちのあとに、するりんすべり台しようね」

保育者の援助

立っちが安定しない時期の子どもには、低めのいすに座り、子どもがひざにつかまりやすいようにします。保育者は足ではさみつつ、手でも支えましょう。

🐼 バリエーション

腹ばいの姿勢でも

ひざにのせるとき、保育者と向かい合いにします。ゆっくり腹ばいの姿勢で、床に足が着くまですべり下ろしましょう。

自然 **おすわり〜**

風さん こんにちは

ねらい

＊ 風の吹くようすを目で見て感じる。

準備する物

ハンカチ、洗濯ばさみ、ひも、ブルーシート

＼ あそび方 ／

1 ハンカチを つるす

保育者は風の吹き抜けやすい場所にブルーシートを敷きます。木々の間にひもを張り、子どもが見えるようにハンカチを洗濯ばさみでつるします。

2 風に揺れる ハンカチを見る

「風さんくるかな?」と話しかけながら、ハンカチが揺れるのを楽しみます。

風さんきたね

ことばかけ

「木の下で風を感じてみようか、ハンカチも揺れてるよ」

保育者の援助

ハンカチの高さは、子どもがよく見える位置にします。ハンカチが風によくはためくように、薄い物をつるしましょう。

バリエーション

風を擬人化しよう

風を擬人化して「風さん、こんにちは」などと話しかけ、風との対話を楽しみます。子どもたちが風を身近に感じられるようにしましょう。

暖かくなりましたね

風さんこんにちは

運動あそび ねんね〜

おててエクササイズ

\ あそび方 /

1 子どもをあお向けに寝かせ、保育者の親指を握らせながら、両手を持って左右に伸ばします。

2 左右の手を胸の前に持ってきます。

3 ❶と❷を交互に3回繰り返します。

🐰 あそびのポイント

保育者の親指を子どもが握るようにして両手を持ちます。子どもと視線を合わせて行います。

運動あそび おすわり〜

ボールくるくる

ね ら い

＊ 物の動きを目で追いかける。体を支える力を鍛える。

準備する物

ボール（やわらかいもの）

\ あそび方 /

1 子どもをひざの上に座らせます。

2 ボールを片手に持ち、子どもの目の前で円を描くように大きく回します。

🐰 あそびのポイント

時計まわり、反時計まわりを上手に見ることができたら、左右に振ってみましょう。ボールにタッチなども加えると喜びます。

ほーら
どこかな

片手で子どもの体を
しっかりと支えます。

🎼 いっちこにちこ

1 いっちこ

おへそを2回つつく。

2 にちこ

胸を2回つつく。

3 さんちこ

あごを2回つつく。

4 よんちこ

鼻の頭を2回つつく。

5 ごっちんこ

おでこを2回なでる。

🐑 **あそびのポイント**

ドキドキ感を演出してあそぼう

おへそからさわり、徐々に上に上がっていきます。「次はどこかな」などとドキドキ感をたっぷり演出し、最後は「ごっちんこ」とおでこをなでます。

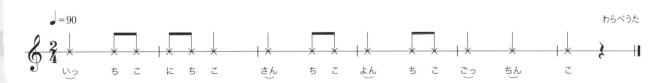

🎼 いっぽんばしこちょこちょ

1  いっぽんばし

子どもの手のひら（または甲）を1本の指でゆっくりなでる。

2 こちょこちょ

子どもの手のひらをくすぐる。

3 ばんそこはって

手の甲を押さえて、ばんそうこうを貼るしぐさをする。

4 つねって

手の甲を軽くつねる。

5 なーでて

手の甲をゆっくりなでる。

6 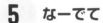 ぽん  にほん…

手のひらを軽くたたく。2番は❶を2本の指で行う。

🐑 **あそびのポイント**

指の数を1本ずつ増やしてあそぼう

1番、2番と同じように、「さんぼんばし」は3本の指で…となでる指の数を増やして「ごほんばし」まであそんでみましょう。

♩=80　　　　　　　　　　　　　　　　　　　　　わらべうた

1. いっ　ぽん　ば　し　こ　ちょ　こ　ちょ　ばん　そ　こ
2. に　ほん　ば　し　こ　ちょ　こ　ちょ　ばん　そ　こ

はっ　て　つ　ねっ　て　なー　で　て　ぽん
はっ　て　つ　ねっ　て　なー　で　て　ぽん

絵本

のびのびのーん

虫やウサギ、ペンギンなどの生き物が「のびのびのーん」と体を大きく伸ばします。気持ちよさそうな伸びのようすをまねしたくなりそう。

読み聞かせポイント

子どもといっしょに伸びをしながら、「のーん!」と声のかけあいを楽しんでみましょう。

作／川上 隆子
アリス館

ねーずみ ねーずみ どーこ いきゃ?

ネズミやウサギが巣に帰ると待っているのは…。わらべうたの心地よいリズムにのせて、大好きな家族に受け止めてもらう喜びが感じられるお話。

読み聞かせポイント

わらべうた「ねずみ ねずみ」を参考に読みましょう。絵本をまねてあそんだ最後は、ぎゅっと抱きしめてあげて。

構成・文／こが ようこ
絵／降矢 なな
童心社

くつくつあるけ

赤ちゃん用のくつが散歩に出かけます。早歩きやつま先歩き、ぴょんぴょん跳ねるなど元気いっぱい。くつを履いてのお出かけが楽しくなりそう。

読み聞かせポイント

くつを履いて外に行けるようになった頃に最適。くつになった気持ちで読むと、読み手も楽しさ倍増です。

さく／林 明子
福音館書店

あかちゃん はーい

「はーい」「ぱちぱち」「はいはい」など、赤ちゃんのかわいい動作を動物たちがいっしょにしてくれます。まねしながらあそんでみましょう。

読み聞かせポイント

「〇〇ちゃん」「はーい」のやり取りであそべます。「ばんざい」など、絵本の動作を取り入れるのも◎。

作・絵／いしかわ こうじ
ポプラ社

かお かお どんなかお

笑った顔、泣いた顔、怒った顔、困った顔、すました顔…。切り絵で表現された、さまざまな表情の顔が赤ちゃんの興味をひく楽しい一冊。

読み聞かせポイント

子どもたちの目・鼻・口にふれながら読んでみて。みんなでいっしょにいろいろな表情を味わいましょう。

作／柳原 良平
こぐま社

だるまさんが

手足のあるだるまさんが「だ・る・ま・さ・ん・が…」とバランスを取りながら転んだりしぼんだり。コミカルな動きと表情が楽しい作品。

読み聞かせポイント

一音一音、音がはっきり伝わるよう心がけて読んでみましょう。だるまさんの動きもいっしょに楽しんで。

さく／かがくい ひろし
ブロンズ新社

読み取ろう 子どもの 育ち

5月

Cちゃん：7か月

 5月のようす

園の玄関まではお母さんといっしょで笑っているが、別れるところで泣いてしまう。「Cちゃん、おはよう」と声をかけると一瞬泣き止んで、目が合う。抱っこで受け入れても泣くが、おんぶ紐を見ただけで泣き止むようになった。おんぶされると、うとうとと眠ったり、保育者に声をかけられると笑顔になったりする。

↓ **読み取り**

3つの視点 身近な人と気持ちが通じ合う

✴ この場面での子どもの育ち

登園時はまだ泣いてしまうが、おんぶをしてもらうと安心するようだ。担任保育者の顔を覚えて、顔をじっと見てくれる姿はとてもかわいらしい。名前を呼ばれたり、あやされたりするときに笑顔を見せてくれると、気持ちが通じたようでうれしく感じる。

 今後の手立て

「この部屋に来るといつも優しくお世話してもらえる」とCちゃんが安心できるような援助をしていきたい。話しかける声のトーンや笑顔にも気をつけ、Cちゃんの心の寄りどころとなれるように接していきたい。

Dくん：11か月

 5月のようす

保育者の腕につかまって立とうとする。なかなかうまくいかないけれど何度も挑戦する。脇を支えてもらいながらではあるが立つことができると、誇らしそうに保育者の顔を見上げてくる。「やったね」と言うと、パチパチと手をたたき、座りなおしてから、もう一度立とうと自ら挑戦した。

↓ **読み取り**

3つの視点 健やかに伸び伸びと育つ

✴ この場面での子どもの育ち

立ちたいという気持ちから、何度も挑戦する意欲が育ってきている。また、立てた瞬間は、保育者と気持ちが通じ合った瞬間だった。保育者に支えられながらも立ったまま、パチパチと手をたたくようすがとてもかわいらしく、成長することの喜びに満ちていた。

 今後の手立て

これから棚につかまって立ち上がろうとすることが多くなるので、棚の角に安全マットをつける。転倒にも気をつけて必ずそばで見守っていく。そしてうれしい気持ちをいっしょに感じ合いたいと思う。

ねらい

* 寝返りやはいはいなど、発達に応じて体を動かすことを喜ぶ。
* 保育者との関わりの中で、安心して活動したり休息したりする。
* 保育者と探索活動を楽しむ。

チェックリスト

- [ ] 子どもの目を見て優しい笑顔で、抱っこやおんぶなどをする。
- [ ] 連絡帳の記述をていねいに読み取り、読んだらうれしくなる姿を書く。
- [ ] 欲求不満を抱えている子どもはいないか、確認する。
- [ ] 慌ただしいお迎えの時間帯は、不安に感じないよう落ちついて動く。
- [ ] 子どもから保育室の出入り口が見えない工夫をする。

あそび

キュッキュッ　くるりん

＊ 布の感触を楽しみながら保育者
　とふれあう。

小さいタオル、マット（布団）

あそび方

1 タオルで頬をなでる

寝ている子どもの頬を、「ほっぺ
を　キュッキュッ」でタオルで丸くな
でます。

2 おなかをなでる

「おなかをくるりん」でタオルでお
なかを丸くなでます。

3 いないいないばぁ

保育者はタオルで顔をかくして
「いないいないばぁ」をします。

「（最後に）あれあれ〜、〇〇ちゃん見え
ないよ、ばぁ!」

保育者の援助

あそぶときには、子どもと視線を合わせて表情豊かに
語りかけましょう。おむつ交換や午睡のあとなど、機嫌
のいいときにあそびます。

バリエーション

タオルを結んで

タオルを軽く結びま
す。寝ている子ども
の顔の上にタオルをゆ
らゆら動かします。手
を伸ばしてきたら握ら
せましょう。

タオルを結ぶ　ユーラユラ

Part 1 クラスづくり　6月

ふれあい **おすわり〜**

ふわふわ風船

\ あそび方 /

① 向かい合って

保育者が足を伸ばして座り、子どもを向かい合わせでひざの上にのせます。「風船ふわふわ」と言いながら、子どもの体を揺らします。

風船
ふわふわ

② 高く上げる

「飛んでったー」と言いながら、子どもの体を支え高く持ち上げます。

飛んでったー

③ 後ろ向きで

保育者に背を向けてひざの上にのせます。「風船ふわふわ」と言いながら、子どもの体を保育者の太ももに引き寄せます。

風船
ふわふわ

④ ひざから下ろす

「落ちちゃったドン」と言いながら、保育者の両足を開き、間に子どもを下ろします。

落ちちゃった
ドン

ことばかけ

「○○ちゃん、風船になってみよう。この風船は、お空を飛んでいくよ」

保育者の援助

ふれあいながら子どもが喜ぶ動きを繰り返します。高い動き、低い動きなどは、子どものようすを見ながら変化をつけてみましょう。

パリエーション

高く持ち上げて

保育者は立って子どもの体を支えて抱き、「もっともっと飛んでった」と言いながら、子どもを高く持ち上げます。

もっともっと
飛んでったー

ふれあい ・ 寝返り〜

いい音 シャラ ラン

ねらい
＊ 腕で支える力をつける。

準備する物
鈴、布団（マット）

\ あそび方 /

🍎 腹ばいの子どもに鈴を鳴らす

腹ばいの姿勢にした子どもの前で鈴を鳴らします。慣れてきたら少しずつ上に鈴を移動して、子どもが頭を上げて鈴を目で追えるようにします。

保育者の援助 ・・・・・・・・・・・・・・・・・・

鈴を上下、左右などに動かして視線の動きを促します。疲れないよう子どものようすを見ながらあそびます。

いい音するよ〜

ふれあい ・ はいはい〜

まてまて うさちゃん

ねらい
＊ 物への興味を広げ手足の動きを促す。

準備する物
レジ袋、エアパッキン、平ゴム、丸シール

\ あそび方 /

🍎 うさちゃんを見せる

腹ばいやはいはいの子どもの前に、レジ袋で作ったうさちゃんを置きます。揺らしたり引っ張ったりして子どもの動きを促します。

保育者の援助 〜〜〜〜〜〜〜〜〜〜〜〜〜

はいはいが前に進まない子どもには、別の保育者が足の裏を支えるなどすると進みやすくなります。

うさちゃん
こっちこっち

エア
パッキン
丸
シール

小さいレジ袋
（袋を裏返して使う）

平ゴム
結ぶ

95

いろいろ雨

\ あそび方 /

① 雨を見る

保育者と窓際で雨の降るようすを見ます。「ザーザー、よく降るね」など子どもに雨の降り方を話します。

② 雨音を表現する

保育者は両手で子どもの体をさすりながら「ザーザー雨だ」、人差し指で突きながら「ポツンポツン雨だ」など雨音を言いながら、子どもにさわってあそびます。

ザーザー雨だね

ポツンポツン

ことばかけ

「今日は雨降り、窓から見てみよう。どんな音が聞こえるかな」

保育者の援助

実際の雨を保育者と子どもで、ゆっくり見ることが大切です。窓ガラスに雨がぶつかるようすを見たり、雨の歌をうたったりしてからあそびに移りましょう。

🐼 バリエーション

もっといろいろ雨

指先を動かして「パラパラ雨」、人差し指で頬を突きながら「しとしと雨」、保育者と抱き合って「ピッチャン!」など、いろいろな雨音を表現します。

パラパラ

しとしと

ピッチャン!

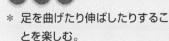

Part
1
クラスづくり

6
月

運動あそび　ねんね〜

足の裏、ピーン！

ねらい

＊ 足を曲げたり伸ばしたりすることを楽しむ。

\ あそび方 /

1 　子どもをあお向けに寝かせて、足を浮かせた状態で足の裏から押します。

2 　子どもが力を入れて踏ん張ったら、「1、2」と声をかけて足を押します。

3 　「ピーン！」で力を緩め、足がまっすぐ伸びるように支えましょう。

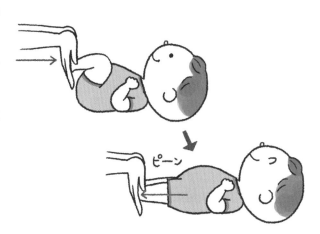

ピーン

運動あそび　はいはい〜

もうすぐはいはい

ねらい

＊ はいはいの動きを促す。手足で体を支える力をつける。

\ あそび方 /

1 　保育者は、うつぶせをした子どものおなかの下に片手を入れて、少し持ち上げます。子どもの手のひらと足の指先は床につくようにします。

2 　胸を少し持ち上げて支えながら、もう片方の手で子どもの手を持って、少し前に差し出すようにします。声をかけながら交互に手を出せるよう促しましょう。

🐰 **あそびのポイント**

好きなおもちゃやボールを置くと、自然と手が前に。自分から動く気持ちを育てましょう。

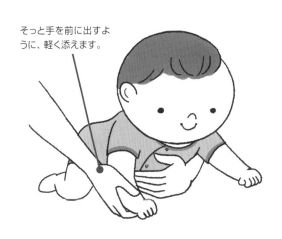

そっと手を前に出すように、軽く添えます。

手あそび うたあそび

🎼 うえからしたから

1 うえからしたから
おおかぜこい こいこい

保育者が2人で歌に合わせて布をゆっくり上げ下げする。

2 こい

布を放り投げて子どもの上にふわりと落ちるようにする。

🐑 あそびのポイント

布でくるんであそぼう

大きなシーツを用意して、四隅をそれぞれ保育者が持ち、空気をのがさないよう床につけ、複数の子どもたちをまとめて布の中に入れても盛り上がります。

わらべうた

♩=84

う え から した から おお かぜ こい　こい こい こ い

🎼 かいぐり かいぐり

1 1番 かいぐり
かいぐり

子どもをひざにのせ、手をグーの形にしてかいぐりする。

2 とっとのめ

片方の人差し指で、もう片方の手のひらをつつく。

3 2番 かいぐり かいぐり
おちょぼのめ

❶の動作をしたあと、子どもの目のふちを人差し指で軽くさわる。

わらべうた

♩=90

1.か い ぐ り か い ぐ り とっ と の め
2.か い ぐ り か い ぐ り おちょ ぼ の め

🎼 あがりめさがりめ

1 `1番` あがりめ

子どもの目を保育者が
人差し指でつり上げる。

2 さがりめ

目を下げる。

3 ぐるっと
まわって

目のふちに丸く円をかく。

4 ねこのめ `2番` とっと
のめ

目を寄せて両端に引っ張
る。2番の④は目を中央に押
します。

わらべうた

♩=80

```
1. あ　が　り　め　　さ　が　り　め　　ぐるっ　と　まわっ　て　ね　こ　の　め
2. あ　が　り　め　　さ　が　り　め　　ぐるっ　と　まわっ　て　とっ　と　の　め
```

子どもを抱きながら、雨のようす
を見せ、リズムをとりながらうたう。

🎼 あめこんこん

🐑 **あそびのポイント**

雨の音も楽しんで

　雨の日のゆううつな気
持ちをふきとばすのにも
役立ちます。雨を見る
だけでなく、雨音をいっ
しょに聞きながら、歌を
楽しみましょう。

わらべうた

♩=90

```
あ　め　こん　こん　やん　ど　く　れ　　あし　たの　ばん　に　ふっ　と　くれ
```

あめかな！

雨が降ってくるようすや水がはじける瞬間、激しい雨の情景などを鮮やかな色彩と音でダイナミックに表現。はっきりとした色と形が興味をひきます。

読み聞かせポイント

下読みしてイメージを膨らませてから読むのがオススメ。子どもたちの目を見て語りかけるように読んで。

さく・え／U.G.サトー
福音館書店

おさんぽ おさんぽ

雨上がり、長ぐつを履いて出かけると、足元ではダンゴムシやカエルなどの小さな生き物たちがお散歩をしています。出かける楽しさを味わえる作品。

読み聞かせポイント

生き物を指差しながら読み進めたい一冊。読後、「かたつむり」や「おつかいありさん」などをうたっても楽しいです。

さく／ひろの たかこ
福音館書店

つみき

みんなで積み木を積んでいくと、ゆらゆらし始めて倒れそうに。揺れに合わせて積み木に描かれた顔の表情も変わるので、ハラハラ感が一層伝わってきます。

読み聞かせポイント

「がっしゃーん」と崩れる場面が人気。積み木が揺れるページでは、実際に絵本を左右に揺らして読んでみて。

ぶん／中川 ひろたか
え／平田 利之
金の星社

まる まる

くりぬかれた2つの穴とシンプルな線の組み合わせで、うれしい、悲しいといった表情を生み出します。単純な形と色が子どもの関心をひく絵本。

読み聞かせポイント

厚紙でいろいろな形を作って穴を開けたものを用意すると、あそびへと広がっていきます。

さく／中辻 悦子
福音館書店

おつむ てん てん

さっちゃんの「おつむ てんてん」「おくちは あわわ」をネコやイヌたちがまねします。優しいタッチの絵と繰り返しの言葉が楽しい一冊。

読み聞かせポイント

保育参観などの際、保護者のひざの上での読み聞かせに使うと、絵本を通じてふれあいあそびが楽しめます。

作／なかえ よしを
絵／上野 紀子
金の星社

スプーンちゃん

身近な食器スプーンがプリンを食べたり、イチゴをつぶしたり、ゆで卵の殻をたたいたりと大活躍。おいしそうな食べ物の絵に思わず手を伸ばしそう。

読み聞かせポイント

スプーンを口へ運ぶような動作をすると、子どもたちは笑顔で口を開けてくれます。離乳食の導入に◎。

さく／小西 英子
福音館書店

読み取ろう 子どもの育ち

Eくん：7か月

 6月のようす

アー！

おんぶで園庭に出ると、「アンアン」と優しい声を出している。手に持っていた玩具を落としてしまったり、かぶっていた帽子が下がって目が隠れてしまったりすると、「アー!」と喃語で知らせてくれる。玩具を拾ったり、帽子を直してあげたりすると、また機嫌のよい声を出していた。

↓ 読み取り

3つの視点
身近な人と気持ちが通じ合う

※ **この場面での子どもの育ち**

「アンアン」や「アーアー」という喃語で、玩具が落ちたよ、帽子で前が見えないよと、懸命に自分の気持ちを伝えようとしている。そして、自分の話した喃語が保育者に通じて、玩具を拾ってもらったり、帽子を直してもらったりしたことは、とてもうれしかったに違いない。

 今後の手立て

喃語にたくさん応答していきたい。「アー」などと喃語を発したあとには「そうなの」「〇〇ね!」「〇〇したかったのね!」などと、優しく語りかけるようにする。気持ちが通じ合う心地よい体験を積み重ねていきたい。

Fちゃん：1歳1か月

 6月のようす

チャッチャッチャッ

保育者が「おもちゃのチャチャチャ」とうたうと、腰をフリフリしている。うたい終わるともう1回とばかりに指を立ててリクエストしてくる。もう1回保育者がうたうと「ア〜ア〜」とまねをしながら自分も笑顔で大きな声でうたい、音楽を全身で楽しもうとしていた。

↓ 読み取り

3つの視点
健やかに伸び伸びと育つ

※ **この場面での子どもの育ち**

保育者がうたう歌を、腰を振って、全身で楽しんでいる。腰に手を置いて腰を振るが、その振り方がとってもかわいらしく、こちらも笑顔になってしまう。喃語ではあるが、曲をしっかりと覚えていて、思わず大きい声が出て、自分もいっしょにうたいだしたようだ。

 今後の手立て

この時期はCDのように速く流れる曲よりも、その子のテンポや場面に合わせて、保育者の肉声で、目を見ながらうたいたい。リクエストの際には、優しく語りかけるようにゆっくりとうたおうと思う。

7～9月の保育の見通し

はいはいで
マットの山登り！

おいで～

 暑い時期は、室内であそぶ工夫を

直射日光の強い時間帯は外あそびを控えましょう。室内でも工夫次第で体を使ったあそびができます。園内探索で足腰を鍛えましょう。

保育の見通し **生活面**

食具に興味をもったら持って食べよう

友達と同じ机で食べ始めると、食具に興味をもつ子もいます。まだ食具を使えない時期でも乳児用のスプーンなどを用意し、持ちながら食べると、やる気につながります。

保育の見通し **あそび面**

室内や園内を探索し、たくさん刺激を受けよう

はいはいやずりばい、よちよち…とそれぞれが自分で移動できるようになる時期。室内を自由に動けるようになったら、園内の廊下などを探索し、興味・関心を広げましょう。

氷、冷たいね!

バチャ バチャ

すや すや…

静 と 動

メリハリのある活動を!

水や泡、絵の具で感触あそびを

水あそびの際、泡やかんてん、氷などを取り入れて、いろいろな感触を経験する機会にし、さまざまな刺激を受けられるようにしましょう。

静と動、落ちつける時間も

家庭でのイベントも多く、暑い時期は楽しくもあり、疲れの残る時期でもあります。あそびのあとは静かにのんびりと過ごせる配慮を。

保育の見通し　人との関わり

泣くことで
自分の思いを伝える

集団生活のなかで自分の思い通りにならないことも出てきます。泣くという行為を通して、自分の思いを伝えようとしている成長の過程。大らかに援助しましょう。

保育の見通し　保護者対応

着替えが多い時期、
アナウンスにも配慮を

汗をかく時期は毎日の着替えも多くなります。初めて園に子どもを預ける保護者にもその理由がわかるようにクラスだよりで伝えるほか、降園時の会話のなかで話しましょう。

保育の見通し　安全面

エアコンで
室温・湿度を管理しよう

保育室の室温・湿度はこまめにチェックし、快適に過ごせるようにエアコンで管理します。のどが渇く前に水分補給を促し、熱中症にならないような配慮が必要です。

生活とあそびを支える

7〜9月の環境構成

園舎内は刺激たっぷりのあそびの宝庫

発達を促す

園内の探索もよい運動。刺激も、成長のきっかけになります。

園舎内をはいはいや歩いて探索することも、あそびの1つです。お兄さんお姉さんのクラスを覗いてみることも、子どもにとっては刺激たっぷり。発見や驚きを体験し、やってみたいことを広げていきましょう。

大きいお姉さん優しいな☆

シャワー・沐浴の場は清潔を保って!

安定した生活

シャワーや沐浴をすることが多くなる時期。シャワーブースは常に掃除をして清潔を保ち、整えておきましょう。子どもの着替えも多くなるため、保護者へのおたよりで伝えるなどしましょう。

ボールプールで
ダイナミックな感触遊び

発達を
促す

気温が高く暑い日は、屋外であそぶと危険です。室内であそぶ際には、小さいボールを使って、ボールプールを作ってみましょう。ボールに子どもたちは大はしゃぎ。全身を使ってあそぶことができます。工夫してダイナミックにあそぶ機会をつくりましょう。

投げたり、追いかけたり、たたいたり。ボールプールでのあそび方は、子ども次第。見守り、あそびを広げていきましょう。

ボール、大好き！

ボールがいっぱい！！色もいっぱいだよ！

色とりどりのボールに大喜び。いっしょにあそび、全身をたっぷり動かしましょう。

いすに座って
正しい姿勢で食事を

きちんと座ると食欲もアップ！

安定した
生活

座位が安定し、腹筋の力がつき始めたら、いすに座って食事を始めましょう。背もたれや足置きを用意することで、安定した座り方ができます。

いろいろな感触あそびを
楽しもう！

発達を
促す

プルプルしてるね

水あそびだけでなく、かんてんあそびや氷あそびなど、夏ならではの涼しい感触あそびを提供しましょう。いろいろな感触をこの時期に楽しみ、五感を豊かに育てたいですね。

7〜9月の

子どもの力を
伸ばす

保育者の援助

7月 🌸

1歳未満

💗 友達とはいはいを
楽しめるように

環境にも慣れてくることで、動きが活発になり始めます。保育室のほか、園内をはいはいやよちよち歩きで探索して、刺激を受けましょう。友達と移動することで、お互いに意識し合うようになります。

💗 体調の変化に細やかな
アンテナを向けて!

季節の変わり目は、手足口病や夏風邪などの感染症が流行し始めます。朝の視診だけでなく、おむつ交換や着替えなどで体に変化がないか確認しましょう。

1歳以上

💗 子どもといっしょに水分補給を

暑い時期の水分補給は、あそびの前後にお茶や水でこまめにとれるよう、準備しましょう。子どもだけでなく、保育者自身も水分補給をまめに行い、暑さに負けない体作りを!

💗 水あそび後は、
ゆったりと過ごして疲れを残さない

水あそびやプールが始まる季節は水にふれることで、子どもの体は思っているよりも疲れています。あそびのあとは、ゆったりとできる時間をとり、疲れを癒しましょう。

8月 ❀

9月 ❀

❤ 沐浴や清拭でさっぱり気持ちよく!

日中の活動だけでなく、お昼寝中にもたくさん汗をかいています。「シャワーで汗を流そうね」「気持ちよくなったね」など、動作や子どもの気持ちを言葉で伝えながら行うことで、汗を流して気持ちよくなったことを味わえるようにしましょう。

❤ 音が鳴るって楽しいね!

マラカスや鉄琴などの玩具の音を鳴らしてあそぶ姿が多い時期。ベビー積み木やカップ同士をたたき合わせて音を鳴らすことを楽しむこともあります。音を鳴らし、擬音にするあそびを楽しみましょう。

❤ 午前寝からお昼寝へスムーズな移行を

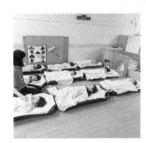

午前中に眠ることが少なくなってきます。もし眠っても、10〜15分で優しく起こしてあげ、お昼寝の時間でまとまった休息がとれるようにリズムを整えていきましょう。

❤ のびのびと芝生ではいはいを

なかなかバギーから降りてあそぶことは少ないですが、芝生の上など、柔らかい地面で体を動かす活動を取り入れてみましょう。普段とは違う場所ではいはいすることで、刺激を受けることができます。

❤ スプーンへの興味が出たら試して

手づかみ食べをたくさんする中で、大人（保育者や保護者）が使っている食具に興味を持ち、スプーンで食べようとし始めます。初めは持つだけでも十分なので、やってみたい意欲を受け止めていきましょう。

❤ 水あそびにも工夫を凝らして

水あそびは、感触あそびのチャンス。絵の具や泥、泡といった素材を準備し、手の平の感覚を刺激するあそびを取り入れるのも◎。保育者自身が楽しむことで、子どもの興味を広げていきましょう。

❤ まねっこから手洗いを!

戸外活動後の手洗いを毎日行うことで、やり方を少しずつ覚えていきます。保育者が洗ってあげるだけでなく、自分で洗おうとしているときは、少し見守り、自分で行う意欲につなげていきましょう。

❤ 保育者と手をつないで散歩へ行こう

歩行力が安定し始めたら、保育者と手をつないで歩く経験を。園近辺の散歩道を歩くことで、子ども自身が見る景色も変わり、いろいろな発見も楽しめます。

ねらい

* 快適な環境の中で、安心して食事や睡眠をとる。
* ゆったりとした雰囲気の中で、保育者や友達といっしょに過ごす。
* リズムに合わせて手あそびを楽しむ。

チェックリスト ✎

☐ やりたいことは自分でできるように促し、できたらともに喜ぶ。

☐ 水遊びをしてもよいか、家庭からの許可を確認する。

☐ あせもなどができやすい環境になっていないか、気を配る。

☐ 子ども一人一人の援助のポイントを、職員全員で共有する。

☐ 1歳になるまではあお向けに寝かせる。

あそび

のびのび1・2

準備する物

マット（布団）

ねらい

＊ 活発な体の動きを促す。

あそび方

1 腕を交互に曲げる

あお向けに寝た子どもに、保育者の親指を握らせます。「おててを1・2」と言いながら、胸に向かって腕を交互に曲げます。これを数回繰り返します。

おててを
1・2

2 両手を上げる

手を持ったまま、「元気にばんざーい」と言いながら、両手をばんざいします。

元気に
ばんざーい

3 足を交互に曲げる

保育者が子どもの足の裏を押すように持ち、「あんよを1・2」と言いながら、足を交互に曲げます。これを数回繰り返します。

あんよを
1・2

4 上下に足をなでる

「いい気持ちだね」と言いながら、足を上下になでます。

いい気持ち
だね〜

ことばかけ

「○○ちゃん、おててとあんよを動かしてあそぼうね」

保育者の援助

子どもの機嫌のよいときやおむつ交換のあとに、伸びやかな体の動きを促しましょう。保育者とふれあいながらリズミカルに体を動かします。

バリエーション

他の部位でも

「おなかポンポン」と言いながら、子どものおなかにふれたり、「ほっぺクルクル」と言いながら、頬にふれるなど、いろいろな体の部位でも行いましょう。

おなか
ポンポン

ほっぺ
クルクル

音あそび **おすわり〜**

空き缶たいこ

ね ら い
＊ たたいて音が出るのを楽しむ。

準備する物
空き缶、紙芯

＼ あそび方 ／

たたいたり 転がしたり

紙芯を持って空き缶をたたいて、音が出るのを楽しみます。転がしてあそんでもいいでしょう。

ポンポン いい音ね

ポン

ポン

コロコロ〜

あ〜

ことばかけ - - - - - - - - - - - - - - - -

「どんな音が出るのかな？　たたいてみよう!」

保育者の援助

たたいている時にほかの子にぶつからないように、ひろいスペースであそびます。「ポンポン」、「カンカン」など、いろいろな音の違いを言葉にします。

バリエーション

いろいろな缶で

ミルク缶のような大きめの缶や、お菓子の低めの缶などいろいろな形の物を用意しましょう。音の高低や転がり方の違いを楽しみましょう。

110

ぬるぬるフィンガーペイント

準備する物

ビニールシート（透明）、小麦粉絵の具、プラスチック製スプーン、透明カップ、ぬれぞうきん　など

Part
1

クラスづくり

7月

あそび方

1 シートを敷く

机の上に透明のビニールシートを敷きます。

2 黄であそぶ

カップに黄の小麦粉絵の具を入れます。スプーンですくって机に出したり、指先で「くるくる」広げたり、手で「にゅる〜」と伸ばしたりして楽しみます。

3 赤と青を出す

次に赤を出します。黄と同じようにあそびながら、黄と赤を混ぜ、色が変わるのを楽しみます。最後に青を出します。同じようにあそびます。

とろ〜ん♪

にゅる〜

ぴしゃっ

くるくる
くる

わぁ〜

ことばかけ

「今日は机にお絵描きしちゃうよ！」

保育者の援助

ベタベタした感触が苦手な子もあそべるように、プラスチック製スプーンや定規などを用意します。ぬれぞうきんをそばに置き、着替えや洗い場も整えておきましょう。事前に小麦粉アレルギーの子を、必ず確認します。

作り方

小麦粉絵の具

①500mℓのペットボトルに水と小麦粉（4：1の割合）を入れて振り、ベースを作る。

②①を鍋に入れ、4：1の割合のまま水と小麦粉を少しずつ必要な量まで増やす。

③火にかけて熱しながら、底からぐるぐる混ぜる。

④10分くらいでドロドロになってきたら、火からはずす。

⑤3つに分けて赤・黄・青の食用色素を入れる。

シャワーシャワー

ねらい
* 水にふれて水の冷たさや感触を楽しむ。

準備する物
ペットボトルシャワー、バケツ型シャワー、ビニールシート

\ あそび方 /

1 座ってあそぶ

ビニールシートに座り、保育者がペットボトルのシャワーを子どもの手足にかけます。

シャワ シャワー

2 立ってあそぶ

バケツ型のシャワーで、水をまきながら歩いてみます。

お水 いっぱい出たね〜

ジャー

ことばかけ

「気持ちいいね、いっぱいお水であそぼう」

保育者の援助

はじめての水あそびは、こわがらないように子どものようすを見ながら少しずつかけましょう。安全には、十分に配慮して目を離さないようにします。

作り方

ペットボトルシャワー・バケツ型シャワー

ペットボトルの上部に目打ちで穴を開ける。

ビニールテープで模様をつける。

ペットボトルの下3分の1位を切る。

持ち手をつける。

切り口をビニールテープでおおう。

底に穴を開ける。

運動あそび　ねんね〜

お背中　グッ!

ねらい

＊ はいはいを促し、動きに慣れる。
姿勢の変化を楽しむ。

\ あそび方 /

1　子どもの手を前に出して、うつぶせにします。優しく背中をさすります。

2　保育者が両手を子どもの脇の下に入れると、子どもは背中に力が入り、頭を持ち上げて体を反らせようとします。

保育者の援助
足首が床から浮いている状態のときは、その足をゆっくり床に下ろして軽く押さえましょう。背中を反らせやすくなります。

手を前に出した
状態で、うつぶ
せにします。

運動あそび　はいはい〜

こちら足の下トンネル

ねらい

＊ 全身を使って探索を楽しむ。保
育者とのやりとりを楽しむ。

\ あそび方 /

1　子どもがはいはいしている前方で、保育者は足を広げて待ちます。

2　言葉をかけをしながら、はいはいでくぐるように促します。

あそびのポイント
複数の保育者がいる場合は、足を閉じたまま、「足の下トンネルはどこかな〜」と声をかけ、1人が「ここだよ〜!」と言いながらトンネルを作りましょう。

子どもが通り抜け
られる幅に、足を
開きます。

♪ どのこがよいに

歌に合わせて子どもの体を、自由に軽くつつく。「よいこ」の「こ」は子どもの顔（頬やおでこ）を優しくさわる。

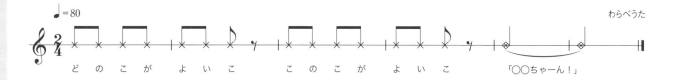

🐑 あそびのポイント

**みんなよい子で
ギューッ！**

　子どもが複数いるときは、「どの」で1人目、「こが」で2人目…とさわっていき、最後はみんなまとめてギューッと抱きしめましょう。

♩=80　　　　　　　　　　　　　　　　　　　　　　　　　　　　わらべうた

どの こ が よい こ　このこが よい こ　「○○ちゃーん！」

♪ ことりことり

1 ことり　ことり
むこうの　やまへ

子どもの脇の下から抱きかかえ、歌に合わせて左右に揺する。

2 とんでゆけ

高く持ち上げる。子どもは鳥のように手を上げ下げする。

優しく着地する。

♩=84　　　　　　　　　　　　　　　　　　　　　　　　　　　　わらべうた

こ　とり ことり　むこうの やまへ とん でゆ け

🎼 こりゃ どこの じぞうさん

1 こりゃどこの
じぞうさん

子どもを指さす。

2 うみのはたの
じぞうさん

両脇の下に手をまわし、引き
寄せる。

3 うみにつけて

抱き上げ、「て」で軽く左右に
振る。

4 どぼーん

床におろす。

🐑 **あそびのポイント**

　立てるようになったら、立ってあそんでみましょう。「♪
うみの…さん」で子どもを引き寄せます。「♪うみにつけ
て」で子どもを高く抱き上げ、「♪どぼーん」で下におろ
します。慣れたら、お尻が床につくようにしても楽しめ
ます。「♪うみにつけて」の「て」は⌢（フェルマータ）で、
音を十分伸ばします。

わらべうた

♩=80

こ　りゃ　ど　こ　の　じ　ぞう　さん　　う　みの
は　た　の　じ　ぞう　さん　　う　みに　つ　けて　どぼーん

絵本

ボートにのって

お父さんとボートに乗ったうららちゃんが小さな声で歌をうたうと、チョウチョウやカエルたちが「あそびましょ」とやってくる、ほのぼのしたお話。

読み聞かせポイント

ぜひうたいながら読んであげましょう。お部屋に、段ボールなどでボートの乗り物を作っても楽しいですね。

作・絵／とよた かずひこ
アリス館

おててがでたよ

大きなシャツをかぶった赤ちゃんが、手を出し、頭を出し、お着替えに奮闘。赤ちゃんのぷくぷくした体つきや、いきいきした表情も見どころです。

読み聞かせポイント

水あそびが始まる時期は着脱の機会も増えるので、絵本の中の言葉かけをして、着替えを楽しんでも。

さく／林 明子
福音館書店

くだもの ぱっくん

イチゴ、バナナ、ブドウ、リンゴ…身近な果物を動物たちが「ぱっくん」と食べます。繰り返す言葉とかわいい絵から食べる楽しさが感じられそう。

読み聞かせポイント

みんなで食べるふりをしながら読むのがおすすめ。給食で絵本の果物が出たときは、子どもたちに紹介してあげて。

さく／真木 文絵
え／石倉 ヒロユキ
岩崎書店

ぽんぽんポコポコ

おなかをたたくと「ぽんぽんポコポコ」と楽しい音が聞こえてきます。たたいているのは誰かを当てたり、まねしておなかをたたいたりしてあそびましょう。

読み聞かせポイント

絵本の動きをまねると楽しさ倍増。まず大人が楽しむ姿を見せ、最後の場面は優しく子どもにふれましょう。

作／長谷川 義史
金の星社

ごぶごぶ ごぼごぼ

「ぷーん」「ぷぷぷ」「ごぼごぼ」といった響きのおもしろい音といっしょに、カラフルな丸い形が動き回るように変化していきます。

読み聞かせポイント

ページをめくるスピードが速くなりすぎないように。音の響きとイメージを楽しむ時間を十分にとって読んで。

さく／駒形 克己
福音館書店

よこむいて にこっ

ちょっぴり不機嫌そうな顔をしたブタやゴリラ、そしてバナナまでもが、横を向くと「にこっ」とすてきな笑顔。つられて思わず笑ってしまいそう。

読み聞かせポイント

「にこっ」の部分が子どもたちは大好き。声に合わせてよい顔をするように、読み進めましょう。

作／高畠 純
絵本館

7月

Gくん：9か月

7月のようす

はなおはじきを5個ずつゴムで束ねた物を出すと、すぐに手に取ってじっと観察している。親指と人差し指で上手につまんで、ミルクの缶で作った穴落としの玩具に入れ、"カン"という音が鳴るとパチパチと手をたたいて喜んだ。全部入れ終わると缶を逆さにして出し、何度も繰り返してあそんだ。

読み取り

3つの視点
身近なものと関わり感性が育つ

この場面での子どもの育ち

赤や白、黄色といったきれいな色のおはじきは魅力的だったのか、すぐにさわり、うれしそうにしていた。指先を器用に使えるようになってきて、上手に缶に運ぶことができた。はなおはじきが缶の中に入ったときの、"カン"という音も心地よいようだ。

今後の手立て

指先と手をたくさん使うあそびを発展させたい。そのために手作りの玩具を工夫し、堅い物や柔らかい物など感触の違う素材で、つまんだり、落としたり、握ったりできる物を、安全に注意して考えていきたい。

Hちゃん：1歳1か月

7月のようす

巧技台で10cmの階段を2段作るとはいはいで登り、降りるときは後ろ向きのはいはいで降りるのを、繰り返し楽しんでいた。慣れてくると巧技台の上で立ち、降りる時にフラフラしながらではあるが、片足ずつ降りようとしたが、危険なので手をつないだ。立って降りられてうれしそうだった。

読み取り

3つの視点
健やかに伸び伸びと育つ

この場面での子どもの育ち

階段の登り降りをはいはいで楽しみ、全身運動が活発になってきた。11か月で歩き始めたので歩行がしっかりしてきていて、しゃがんだり、しゃがんだ姿勢から立ったりもできるようになってきて頼もしい。やってみたいという気持ちが膨らんできているようだ。

今後の手立て

動きたい、歩きたいという気持ちが大きくなってきているが、まだ不安定なのでそばについて見守っていかなければと思う。また、なにげなく手を貸して、「できたね！」と、声をかけながら、喜びを共有したい。

8月

チェックリスト

☐ やりたいことは見守り、難しいところだけ見極めて援助する。

☐ 子どものしていることを言葉にして話しかける。

☐ 顔などを拭く際は、「顔を拭きますよ」と声をかけてから拭く。

☐ おむつ替えのあとには、手を洗う。

☐ 泣く意味を一つ一つていねいに探って対応する。

あそび

みんなで　はいはい〜

大きなトンネル

準備する物

大きな布（シーツ）

ねらい

＊ 狭い空間をくぐったり、はいはいしたりして、全身の動きを促す。

＼ あそび方 ／

1 大きな布を広げる

2人の保育者が向かい合って布を持ち、広げます。

2 くぐりぬける

子どもたちがはいはいで布の下をくぐりぬけます。

3 パタパタ揺らしても

慣れてきたら、布をパタパタ揺らします。

トンネルみたいだね

ことばかけ

「大きなトンネルがあるよ、みんなでくぐってみようか」

保育者の援助

子どもの反応に合わせて、布の揺らし方を工夫しましょう。布の色に合わせて、イメージが広がるような声かけをしましょう。

バリエーション

海に見立てる

青い布を使って海に見立て、子どもたちが魚になってくぐってあそびます。

みんなお魚さんみたい！

くじらの船

準備する物

マット

＼あそび方／

1 保育者の背中にのぼる

保育者はくじら役になり、手足をマットにつけてかがみます。子どもは保育者の背中によじのぼります。補助役の保育者が支えます。

のりたい人〜

2 上下に動かす

子どもが背中にのったら、「出発!」のかけ声で保育者は、背中を上下に揺らします。

いくよ!

ざんぶり

ことばかけ

「先生がくじらだよ!　くじらのお船にのってあそぼう」

保育者の援助

補助の保育者が子どものそばについて、安定した姿勢で安全にあそべるように注意しましょう。

バリエーション

赤ちゃんくじらになって

くじら役になった保育者のおなかの下を、子どもがはいはいで通ります。「赤ちゃんくじらが通りまーす」など言葉をかけましょう。

くじらの赤ちゃん通ります

ふれあい　　歩く〜

おいでおいでアヒルさん

ねらい
* 保育者といっしょに動きながら、
まねすることを楽しむ。

\ あそび方 /

1 子どもを 手まねきする

保育者は子どもと向き合い、「おいでおいで　アヒルさん」と言いながら両手で手まねきします。

2 アヒルの動作で 歩く

「ヨチヨチ　アヒルさん」と両手を横に広げたアヒルの動作で、子どもと歩きます。

3 抱きしめる

「大きな羽でギューッ!」と言いながら、保育者は両手で子どもを抱きしめます。

ことばかけ

**「さぁー、アヒルさんがやってきたよ。
よちよち歩けるかな?」**

保育者の援助

1対1でなくても3〜4人で集まっても楽しく踊れそうです。動物の動作は、大きく子どもにわかりやすい動きにします。

バリエーション

おいでおいでタヌキさん

アヒルだけでなくタヌキになって、「ポコポン　ポコポン　タヌキさん」とおなかをたたきながらあそびましょう。

プッカプッカ浮かべて

準備する物

たらいや洗面器、いろいろな色のペットボトルのふた

＼あそび方／

① 水をはる

たらいや洗面器に半分ぐらいまで水をはります。

② ふたを浮かべる

子どもたちはたらいの周りを囲んで座ります。ペットボトルのふたを1つずつ持ち、水面にそっと浮かべていきます。平らな面を上にすると、色とりどりできれいです。

入れるよ

プッカプッカ
浮いてるね

わぁ

ことばかけ

「小さなお船を浮かべてみようか？　プッカプッカ浮くよ」

保育者の援助

ふたが浮かんだら「プッカプッカ　浮いたね」と子どもたちとふたの動きを楽しめるようにしましょう。ふたを口に入れないように見守ります。

バリエーション

グルグル回そう

保育者が水に手を入れてグルグル回すと、水の勢いでふたもグルグル回ります。ふたをひっくり返したり、沈めたりしても楽しいでしょう。

グルグル～

わぁ

運動あそび　立っち〜

引っ張りっこ、よいしょ

\ あそび方 /

1 子どもと向かい合って座ります。保育者は正座をします。

2 子どもの足の裏を保育者のひざに当てます。子どもの腕を握り、軽く引いたり、ゆるめたりを繰り返します。

よいしょ
よいしょ

あそびのポイント

引っ張るときは保育者が大きくのけぞったり、ゆるめるときは子どものほうに上体を大きく近づけたり、おおげさな動きをすると喜びます。

運動あそび　立っち〜

おひざで立っち

\ あそび方 /

1 子どもを前向きに抱いたまま、座った保育者の足の上に立たせます。

2 脇の下に手を入れてしっかり支えます。

安定しやすいように片方の足に立たせます。

123

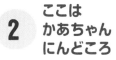 にんどころ

1 ここは
とうちゃん
にんどころ

子どもをひざにのせ
て、右の頬を軽くつつく。

2 ここは
かあちゃん
にんどころ

左の頬を軽くつつく。

3 ここは
じいちゃん
にんどころ

おでこを軽くつつく。

4 ここは
ばあちゃん
にんどころ

あごを軽くつつく。

5 ほそみち
ぬけて

鼻筋を優しくなでる。

6 だいどう

顔全体を円をえがく
ようになでる。

7 こちょこち
ょ

脇の下をくすぐる。

🐑 あそびのポイント

子どもの顔であそん
だあとは、子どもの手を
持ち、今度は保育者の
顔で同じようにあそんで
みましょう。最後は、子
どもの脇の下をくすぐり
ます。「にんどころ」は似
たところという意味です。

おでこさんをまいて

1 おでこさんを まいて

おでこを軽く2回拭く。

2 めぐろさんを まいて

右目のまわり、左目のまわりを1回ずつ拭く。

3 はなのはし わたって

鼻筋を上下に2回拭く。

4 こいしをひろって おいけをまわって

口のまわりを円をえがくように2回拭く。

5 すっかりきれいに なりました

顔のまわりを大きく2回、拭く。

あそびのポイント

赤ちゃんの顔を拭くときは、この歌をうたうとスムーズです。歌に合わせてそっと軽く拭きましょう。普段から軽く手のひらでなでながらうたうとよいでしょう。

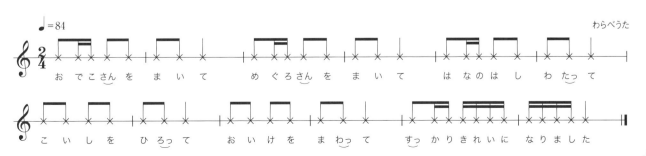

♩=84　　　　　　　　　　　　　　　　　　　　　　　　　　　　わらべうた

お でこさんを まいて　め ぐろさんを まいて　は なのはし わたって

こ いしを ひろって　お いけを まわって　すっかりきれいに なりました

絵本

がたんごとん がたんごとん ざぶんざぶん

アイスに帽子、スイカなど、夏を代表するモチーフが電車に乗ってたどり着いた先は…。「がたんごとん」「ざぶんざぶん」と繰り返す音が楽しい一冊。

読み聞かせポイント

電車のリズムに合わせて体を動かしながら読みましょう。タオルやビニールシートを波のように揺らしても。

さく／安西 水丸
福音館書店

おふねにのって

まるちゃん、さんかくちゃん、しかくちゃん、ほそながちゃんが船に乗ってお出かけします。わかりやすい色と形の連続で赤ちゃんも夢中になりそう。

読み聞かせポイント

ひざの上で「ゆーらゆら」と船に乗っている感じを出しながら読みたい。形や色などにも注目してみて。

著者／スギヤマ カナヨ
赤ちゃんとママ社

はなび ドーン

「パン」「ドーン」「パパパーン」と色とりどりの花火がページいっぱいに広がります。花火の打ち上がる音を声に出して読むと、楽しさ倍増です。

読み聞かせポイント

読む速さや声の大きさに注意。しゃがんで立つ、手を開くなど発達に合わせた花火の表現あそびをしてみて。

さく／カズコ G・ストーン
童心社

あかちゃん たいそう

ねこさんとほっぺすりすり、ぞうさんとお鼻くんくん、赤ちゃんが動物たちと楽しい体操をします。すぐにまねたくなる動きが次々に出てくる絵本です。

読み聞かせポイント

子どもたちにふれながら読みたい一冊。個々の発達に合わせて、奥付にある体操を楽しみましょう。

作／鈴木 まもる
小峰書店

やさい もぐもぐ

トマト、トウモロコシ、ジャガイモなど身近な野菜とそれを使ったさまざまな料理が大きな絵で描かれます。おいしそうな絵に思わずおなかが鳴りそう。

読み聞かせポイント

どの野菜料理が食べたいか、子どもたちに指を差してもらいながら読み進めてもおもしろいですね。

さく・え／ふくざわ ゆみこ
ひかりのくに

まみむめもにょにょ

「もぐもぐ」「むしゃむしゃ」など、赤ちゃんが発音しやすい「まみむめも」のオノマトペを使って、動物たちがさまざまな表情や動きを見せます。

読み聞かせポイント

子どもといっしょに食べるまねをしたり、動物たちをなでたり、絵本のオノマトペを言ってみましょう。

え／フクバ リンコ
監修／稲田 大祐
永岡書店

子どもの 育 ち

8月

Iちゃん：10か月

8月のようす

テラスで小さいたらいに15cmくらいのぬるま湯を張り、服を着たまま座って初めて水あそびをした。水面をパンパンたたいて喜んでいたが、だんだんたたく力が強くなり、自分の顔に水しぶきがかかると目をぱちくりさせていた。高いところからチョロチョロと水を流すと、興味をもって手を出しさわっていた。

読み取り

3つの視点
身近なものと関わり感性が育つ

この場面での子どもの育ち

たらいでの水あそびは初めてであったが、水の感触が心地よくおもしろかったようで、水面をたたいたり、流れ落ちる水にさわったりしてあそぶことができた。手でふれるけれど流れ落ちていく感覚や、たたくという自分が起こした行動で水しぶきが出るという事象を体験できた。

今後の手立て

座位は安定しているが、たらいは子どもが座って隙間のない物を用意し、カップやジョウロなど、使いやすい玩具も準備していきたい。体調や水温、外気温に充分配慮して行い、よい体験につなげたい。

Jちゃん：1歳3か月

8月のようす

小さいタライにぬるま湯を張って促したが、中には入らず、そばに座って浮かべてあるシャベルで水をすくってはこぼしている。保育者がペットボトルを押さえつけて水を入れるのを見て同じように押さえつけていた。水が入るときのブクブクと泡が出るのを、不思議そうに見ていた。

読み取り

3つの視点
身近な人と気持ちが通じ合う

この場面での子どもの育ち

水の感触を十分に楽しめている。ペットボトルを水に押さえつけるとブクブクと泡をたてながら水が入っていくおもしろさを偶然知ることができ、水への関心が広がった。大人のやることをよく見ていて、同じようにしてみたいという気持ちが芽生えてきている。

今後の手立て

大人のやることをよく観察している。ペットボトルにシャベルで水を入れる動きをさりげなく補助し、新しいあそびに気がつくようにしてみたい。水の感触あそびをたくさん経験することで、探求心を育みたい。

127

チェックリスト ✐

☐ 夏の疲れにより体調を崩しやすいので、水分補給と睡眠を心がける。

☐ 「○ちゃんと○くん、いっしょね」と友達を意識する言葉をかける。

☐ 気に入った手あそびや歌などを繰り返し行い、楽しめるようにする。

☐ 赤ちゃん言葉ではなく、正しい言葉で話す。

☐ 体を十分に動かせる環境をつくり、運動機能の高まりへとつなげる。

ふれあい　おすわり〜

輪になってあそぼ！

ねらい

＊ 保育者とのふれあいを楽しむ。
あそびを通して歌に親しむ。

＼ あそび方 ／

1 輪をつくる

子どもは輪になって座り、
輪の中に保育者が入ります。

2 うたいながら
順番にくすぐる

子どもたちに親しみのある
歌をうたいながら、フレーズ
ごとに保育者が順番に子ども
をくすぐっていきます。

コチョコチョ

キャッキャ

ことばかけ

「みんなが好きな歌はなにかな？　歌に合
わせて先生がコチョコチョするよ」

保育者の援助

歌は『チューリップ』や『蝶々』など、子どもが覚えや
すい短い歌を選びましょう。うたうときはゆっくりとした
テンポでうたうよう心がけます。

バリエーション

当たりは誰かな

フレーズごとに順番
に子どもの頬を両手で
さわっていき、最後の
フレーズに当たった子
には、体をくすぐると
盛り上がるでしょう。

スリスリ

コチョコチョ

129

どこどこ？ ばあ！

ね ら い
* 「いないいないばあ」の動作と、見えかくれする変化を楽しむ。

準備する物
パペット（ぬいぐるみ）

\ あそび方 /

① 人形の顔を かくして

「（人形に合わせて変えて）ネコさんが、いないいない…」と言いながら、人形の顔をかくします。

② いっしょに 「ばあ」

ばあ！

「○○ちゃんもいっしょに…ばあ！」と言いながら、人形の顔を出します。

③ 人形を 背中にかくして

ニャンニャン

今度は人形を保育者の背中にかくして、「あれれ？ いないよ、どこに行ったのかなあ？」と子どもに問いかけます。

④ 人形を 見せる

ばあ！

「いたいた、ばあ！」と言いながら、人形を子どもの前に出して見せます。

ことばかけ

「ニャンニャン…、あれ？ ネコさんの声が聞こえるね。ネコさんはどこかな？」

保育者の援助

子どももいっしょに「いないいないばあ」の動作を繰り返します。あそびを繰り返すことで、子どもが人形のかくれている所を見つけようとします。

バリエーション

布で人形をかくして

ネコさん どこ？

エィッ

布で人形をかくし、「あれれ、ネコさんどこどこ？」と問いかけます。子どもが布を取ります。

とってちょーだい

あそび方

1 動物カードを取りにいく

少し離れたところに低い机を置き、その上に動物カードを置きます。保育者の声かけで取りにいきます。

2 カードを渡す

動物カードを取った子どもは、保育者のところに戻りカードを渡します。

3 カードを広げる

保育者はタイミングよく動物カードを広げます。

とってちょ〜だい

ありがとう

はい

なにかなエイッ!

Part 1 クラスづくり

9月

ことばかけ

「（保育者がカードを広げるときに）さぁ、何が出てくるのかな？　1、2の3、ネコちゃんだ」

保育者の援助

歩行が安定してきた子どもには、取りにいく机を離していきます。つまずく物がないように安全を確認しましょう。

 作り方

動物カード

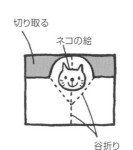

切り取る

ネコの絵

谷折り

画用紙を2つ折りにする。

ネコの顔の部分は内側に折りたたむ。

↓

色画用紙の表紙を貼る。

トコトコ　リンゴボックス

\ **あそび方** /

1 箱を押しながら歩く

　リンゴボックスを作ります。子どもはリンゴボックスを押しながら、保育者のところまで歩いていきます。

2 箱をたたく

　保育者のところにきたら、「リンゴが届いた、トントコトン」などと言いながら、子どもといっしょに箱をリズミカルにたたきます。

よいしょ
がんばれ！

リンゴが届いた
トントコトン

トン

ことばかけ

「歩くの上手、よいしょ、よいしょ。ここまで来て」

保育者の援助

　箱は、子どもがつかまり立ちしやすい高さにします。箱の中に紙を詰めて、少し重みがある方が押しやすくなります。

作り方

リンゴボックス

　段ボール箱に新聞紙を入れてふたをする。

リンゴの絵を貼る。

色画用紙

20㎝

透明テープで角を貼る。

新聞紙を詰める。

運動あそび　おすわり〜

たまごが割れた!

\ あそび方 /

1 保育者は足を閉じて座り、その上に子どもをのせます。脇の下で体を支えます。

2 「パカン!　たまごが…割れた!」と言いながら、閉じていた足を開き、子どもは床に落ちた感覚を楽しみます。

あそびのポイント

床に落ちることに慣れてきたら「たまごが…割れない!」と、足を閉じたままにしても。いろいろな変化を楽しみましょう。

ねらい

＊ 体幹のバランスを鍛える。保育者とのふれあいを楽しむ。

パカン

Part **1** クラスづくり **9** 月

運動あそび　立っち〜

1.2.ジャーンプ

\ あそび方 /

1 保育者は両足を伸ばして座り、足の間に子どもを向かい合うようにして立たせます。

2 子どもの脇の下に手を入れて、リズミカルにピョンピョンと持ち上げましょう。「1、2」では小さく、「ジャーンプ」で大きく跳ねます。

保育者の援助

子どもはまだ自分で弾みをつけられないので、リズミカルに体を持ち上げながら、跳ねるよう促します。着地のときに強い力が加わらないように注意します。

ねらい

＊ リズムにのる楽しさを経験する。ジャンプの感覚を知る。

お互いに見つめ合いながら、笑顔で行います。

133

🎼 もものはなさいた

1 もものはな
さいた

人差し指で子どもの両頬を、
右2回、左2回ずつ、つつく。

2 すみれそうも
さいた

両目のふちを、右2回、左2
回ずつ、つつく。

3 バラのはな
さいた

口元を4回つつく。

4 はちきて
ブンブンブン

両方の耳をつまみ、4回軽く
引っ張る。

🐑 **あそびのポイント**

「〇〇ちゃんのお顔にお花が咲い
たね!」などとあそびの始まりを予告
すると、顔にさわられることに慣れ
ていない子にも安心感を与えること
ができます。子どもの心が安定して
いるときを選びましょう。

🎼 あかちゃんたいこ

1 【1番】せなかの…
トン トコ トン

2 おしりの…
トントコ
トントントン

3 【2番】おなかの…
トン トコ トン

4 あかちゃん…
トントコ
トントントン

子どもの背中を曲に合わせて、手のひらで軽くたたく。

お尻を手のひらでたたく。

おなかを手のひらでたたく。

両手で子どもを支え、指先でたたく。

♩=74　　　　　　　　　　　　　作詞・作曲・振付／阿部直美

1.せなかの
2.おなかの　たい　こ　を　トン　トコ　トン　｛おしりの／あかちゃん｝たい　こ　を　トントコトントン　トン

🎼 えんやらもものき

＊歌詞の「ともちゃん」「ひろちゃん」では子どもの名前をうたいます。

● 布であそぶ

保育者2人で丈夫な布を持って座り、子どもをのせ、歌に合わせて自由に揺らす。

● 手をつないであそぶ

保育者が1人のときは、子どもと両手をつなぎ、歌に合わせて徐々に大きく左右に振る。

♩=74　　　　　　　　　　　　　わらべうた

えん　や　ら　も　ものき　　も　もがなっ　たら　だ　れにやろう　　と　も　ちゃんに

あ　げよか　　ひ　ろ　ちゃんに　あ　げよか　　だ　れに　あ　げよか

絵本

おつきさま なにみてる

夜空で真ん丸なお月さまがにっこり見守っているのは、眠っている子犬に小鳥、そして赤ちゃん。おやすみの導入にぴったりの、優しいお話。

読み聞かせポイント

驚くところは少し変化をつけて読みましょう。日中、月が見えたら「お月さま見てるね」と声をかけてみて。

さく／なかじま かおり
岩崎書店

おにぎり ころころ

三角おにぎりがころころ転がってくると、ミニトマトにミートボール、ウインナーも大集合。お弁当箱に飛び込めば、おいしいお弁当の完成です。

読み聞かせポイント

擬音語は絵のイメージを大切にすると読みやすくなります。おままごとあそびに発展させても楽しいお話。

作／トモコ＝ガルシア
岩崎書店

あー・あー

「めー・めー」「もー・もー」「がー・がー」など、赤ちゃんの発音しやすい音が楽しい絵とともに登場。音や言葉を発することへの興味をひきます。

読み聞かせポイント

子どもたちから声が返ってきそうなときは待ちましょう。好きなページだけを繰り返し読んでも楽しめます。

さく・え／三浦 太郎
童心社

だあれだ だれだ？

「だあれだ　だれだ？」と顔を隠したネコやイヌなどの動物たちが自己紹介をします。わらべうたのようなリズム感のある言葉の響きが楽しい一冊。

読み聞かせポイント

目を合わせて会話するように読んで。ひざの上で読むとき、子どもがめくりたがったら、その気持ちを大切に。

ぶん／うしろ よしあき
え／長谷川 義史
ポプラ社

も も も

最初は1つの「もも」から始まり、どんどん増えていきます。大きなもも、小さなもも、転がるもも、いろいろなももが出てくる愉快な絵本です。

読み聞かせポイント

読む速さを変えたり、声に抑揚をつけたりと、絵に合わせて読み方にも変化をつけてみましょう。

さく・え／川之上英子
川之上 健
岩崎書店

いいおかお

ヤギ、ロバ、サル、ゴリラ、シロクマ…さまざまな動物たちの"いいおかお"を写真で紹介。すてきな表情の数々に、笑顔になれる一冊です。

読み聞かせポイント

写真で動物の姿を楽しむ機会に。最後は「〇〇ちゃんもいいおかお」と子どもたちに声をかけましょう。

文／さえぐさ ひろこ
アリス館

読み取ろう 子どもの育ち

Kちゃん：11か月

 9月のようす

今日はハンカチの "いないいないばあっ!" であそんだ。前は見えるようにして4つに畳んだハンカチをKちゃんの頭にのせて、「いないいないばあっ!」とハンカチを取ると、声を出して笑う。「いないいない…」と言うと、「ばあっ!」と自分で勢いよくハンカチを取ってニコニコとしている。何回も繰り返してあそんだ。

読み取り

3つの視点
身近な人と気持ちが通じ合う

※ この場面での子どもの育ち

記憶力が芽生えてきて、"いないいないばあっ!" で、隠れた大人が現れることを理解している。予想した通りに大好きな保育者が現れたことがうれしくて、声を出して笑っている。また言葉の意味もわかってきていて、自分でもハンカチを取って楽しんでいた。

 今後の手立て

今後もいっしょに "いないいないばあっ!" や簡単な手あそび、わらべうたあそびを楽しんでいきたい。「保育者とあそぶのは楽しい」という経験を積みながら、期待感の成長や、発語を促していきたいと思う。

Lくん：1歳3か月

 9月のようす

段ボールに物を入れてある程度の重さにし、ラップ芯の持ち手をつけ、色を塗って電車に見立てた手作りの手押し車を気に入っているLくん。今日も朝から見つけると、部屋のなかを押して歩いていた。行きたいほうに箱をコントロールして、自由に練り歩いている。かなり長く歩いて、ご機嫌だった。

読み取り

3つの視点
身近なものと関わり感性が育つ

※ この場面での子どもの育ち

手作りの車でこんなにあそび、作ってよかったと心から思う。物につかまりながらではあるが、長い距離を歩けたことはLくんの自信になり、もっと歩きたいという気持ちにつながったようだ。ほかの友達の刺激にもなったように感じる。

 今後の手立て

1号車
2号車

手押し車を押して歩くとスピードが出すぎることが予想されるので、もう少し重くし、今度はバスの絵を描いた2号車を作ろうと思う。子どもの姿を見て、これからもそのときの成長に合わせた玩具を作りたい。

Part **1**

クラスづくり

9 月

137

第3期

10~12月の

保育の見通し

喃語は言葉の第一歩!

「あーあー」「マンマンマン」など、意味のないように思える喃語も、子どもにとっては大切な表現。積極的に応えましょう。

保育の見通し　生活面

身の回りのやってみたい気持ちに寄り添って

靴を履こうとしたり、ズボンを脱いだり…と、自分でやってみようとする意欲が芽生えてきます。手を添えていっしょに行い、やってみたい気持ちに寄り添いましょう。

保育の見通し　あそび面

構成あそびであそびの幅を広げて

積み木で思い思いに作ったり、崩したりする構成あそびは、想像しながらあそぶ第一歩。保育者がいっしょにあそび、興味を深められるきっかけをつくりましょう。

 ## みんなで食事が楽しいね！

安定して食事ができるようになったら、同じテーブルで友達といっしょに食事をしましょう。お互いが刺激となり、食が進みます。

 ## 感染症の拡大を防ぐ

乾燥する季節は、感染症が広がりがち。園内の衛生管理を徹底し、拡大させないよう留意します。室内の温度、湿度管理にも気をつけます。

 保育の見通し　人との関わり

喃語や指さしには
ていねいに応えて

「あ！　あ！」などの喃語には、たくさんの言葉が詰まっています。しぐさを添えて伝えようとする子どもの発信を見逃さず、ていねいに応えてやりとりを楽しむようにしましょう。

 保育の見通し　安全面

感染症に気をつけよう

冬の時期は乾燥により、感染症が流行しやすくなります。特に0歳児は感染症にかかりやすいため、子どもの体調の変化にすぐ気づけるようにし、湿度や衛生管理にも配慮しましょう。

保育の見通し　保護者対応

緊急連絡先の確認を

子どもの発熱や嘔吐などが増えると、保護者にお迎えをお願いすることが多くなります。すぐに連絡がとれるよう緊急連絡先を確認しておくと、もしものときに安心です。

生活とあそびを支える

10〜12月の 環境構成

いつもの物はいつもの場所に

安定した生活

いつもの物が、いつもの場所に。安心が保障された保育室で、気持ちも安定します。

保育室内の玩具の収納場所は、いつも同じ場所に置くようにし、出したり戻したりすることが自然と身につくようにしましょう。引き出しに玩具の写真を貼ることで、片づけも自らできるようになります。探す時間がないことは、安定した生活につながります。

いつもの場所に、いつもの玩具！

積み木や電車で構成あそびをたっぷりと

発達を促す

作る、壊すの繰り返しのなかで、想像の世界を楽しむことができる積み木や電車あそびは、広いスペースが必要です。あそび込めるように広い場所を、また玩具の取り合いにならないように十分な数を準備します。

想像力を育む
お手玉やフェルト棒であそぼう

発達を促す

あそびの素材は、既製品よりも、手作りの素朴な物のほうがいろいろな物に変身させることができます。フェルトや布を組み合わせ、見立てあそびに活用しましょう。子どもの想像する力を養うために、皿やスプーンも用意するとよいですね。

おにぎりだよ、ニギニギ！

ニギニギしたり、容器にポトンと落としたり、あそび方は無限！

お皿におにぎり、くださいな

保育者がヒントを与えるだけで、子どもの世界は広がります。介入しすぎず、あそびを広げる手助けをしましょう。

室内でもダイナミックに
運動あそびを！

発達を促す

スムーズな歩行ができるようになる時期。少し広い室内に、すべり台やソフトマットを使って、簡単なサーキットで全身を動かす機会をつくりましょう。

いっぱい歩けるよ！

友達といっしょに
ごはんを食べよう！

安定した生活

みんなで食べるとおいしいね！

食事での集中力がつき始めたら、友達といっしょのテーブルで食べるのも◎。いっしょに食べる楽しさを感じられます。よく食べる子のようすを見て、苦手な食べ物へチャンレジしようとすることも！

子どもの力を
伸ばす

10~12月の

保育者の援助

10月 🌸

1歳4か月未満

💜 伝い歩きや段差の上り下りを楽しもう!

高月齢児のあそび方を見て、刺激を受ける低月齢児。平面だけでなく、大小様々な段差を用意して、全身を動かしてあそぶ活動を取り入れましょう。

💜 活動に合った衣類で、気持ちよく

大人の感覚で、厚着で登園する子も多いですが、実は子どもにとっては暑いことも。活動のなかで汗をかきすぎないよう、保護者に説明をして、半袖や薄着も用意してもらうようにします。

1歳4か月以上

💜 積み木やトレイン玩具などが楽しめる時期!

初めは保育者が積み上げたり、レールをつなげたりすることで、いっしょに構成あそびを楽しみます。積み木が崩れても安心な空間や長くレールをつなげられる場所を用意して。

💜 身の回りへの興味を引き出して

保育者の言葉かけよりも先に、手洗いや靴履きなどを自分でもやってみようとする意欲が芽生えてきます。手を添えていっしょに行ったり、簡単な部分を子どもにやってもらったりし、達成感につなげます。

11月 🌸

💛 友達といっしょに食べてみよう

友達が食べている姿を見て、自分でも食べ進めようとすることがあります。「いっしょに食べられてうれしいね!」と気持ちを代弁し、楽しい空間で食事することを味わえるようにしていきましょう。

💛 指先を使ったあそびにもチャレンジ!

つまむ、握る、手を開くなど、手指の使い方はたくさんあります。大小太さも様々な玩具を用意して、指先を使うあそびへ誘ってみましょう。

💛 指差しや喃語にもていねいに応えて

あそび中に子どもが指差しして「あ! あ!」などと言うことがあります。「穴ができたね」「葉っぱが赤くなっているね」と、ていねいに応え、言葉を使ったやりとりを増やしましょう。

💛 保育者とままごとあそび

ままごとの玩具を使って、子どもにごはんを作ったり、人形を使ってお世話をいっしょにしたりすることで、模倣あそびへとつながっていきます。まずはいっしょにあそぶことで、きっかけをつくりましょう。

12月 ❄

💛 感染症の季節、体調管理を念入りに

空気が乾燥する季節は、感染症にかかることも多く、登園時は元気でも、1〜2時間後には発熱していることも。保護者と連携し、感染症予防へとつなげましょう。

💛 積み木あそびに挑戦!

積み木を積み上げること、崩すことは積み木あそびの第一歩。初めに保育者が作ったものを崩したり、いっしょに積み上げたりすることで、積み木あそびを楽しめるようにしましょう。

💛 いすに座って、指先を使おう

型はめパズルや大きな穴の紐通しなどの玩具を机上あそびとして置き、より集中できる環境をつくり、一人あそびの充実を図りましょう。また、いすの座り方もあそびの中でていねいに伝えていきます。

💛 苦手な食べ物も、一口食べると達成感に!

舌の感覚が発達し、好き嫌いが出てくるように。完食することを目標とするのではなく、一口食べられた喜びを共感することで、達成感につなげましょう。

Part 1 クラスづくり 10〜12月

143

ねらい

* 気温や活動に応じて、衣服を調整し、快適に過ごす。
* 保育者に受け止められ、認めてもらう喜びを感じる。
* 戸外の活動で秋の自然にふれる。

チェックリスト 🖊

☐ 保育室の環境を、子どもの発達に応じて整える。

☐ 送迎時に保護者と、子どものようすを言葉で交わすように心がける。

☐ 子どもが指差したものを見て、「お花ね」などと言葉で返す。

☐ 一人一人の運動能力が伸びるような、環境を設定する。

☐ 十分に探索ができるように、安全な道を選んで散歩に出る。

あそび

ふれあい　寝返り〜

あの子はだあれ？

準備する物

鏡

ねらい

＊ 鏡に映ることを体験し、鏡への興味を促す。

あそび方

① 鏡を見せる

子どもを抱いて鏡の前に立ちます。鏡に向かって手を振ったり、鏡の中の子どもを指さしたりしてあそびます。

② いないいないばぁをする

しゃがんだり立ち上がったりして「いないいないばぁ」をします。

あれ？誰かな？

誰かな誰かな

たっくんだ！

ことばかけ

「あそこにいる子は、誰ですか？　おててをいっぱい振ってみよう」

保育者の援助

鏡は割れる物なので、必ず保育者とあそびます。立てかけるタイプの鏡は、倒れることがあるので置かないようにします。

バリエーション

いろいろな鏡の体験を

鏡に映っている子どもにさわったり、鏡にふれてみたりして、鏡の不思議に興味がもてるようにしましょう。保育者が泣きまねしたり、笑ってみたりいろいろな表情も見せましょう。

おつむてんてん

みんなで 立っち～

ボールであそぼう

ねらい

* ボールの感触を楽しみ、集中力やバランス感覚を養う。

準備する物

大・小のボール、ビニールプール、牛乳パックスプーン、バケツなどの器

あそび方

① ビニールプールで

たくさんのボールをビニールプールに入れたら、子どもはその中に入ってもぐったり寝転がったりして自由にあそびます。

② すくってあそぶ

牛乳パックスプーンで好きなボールをすくい、保育者が持つ容器に「どうぞ」と入れます。上手くすくえない子には、後ろから手をまわして補助します。

ことばかけ

「ボールのプールに入ってみようね」
「スプーンでボールをすくえるかな」

保育者の援助

ビニールプールでは子どもが外に投げたボールを返したりしながら、ケガのないよう見守ります。スプーンで上手にすくえたら「すごいね」とほめましょう。

作り方

牛乳パックスプーン

牛乳パックの底をカッターで切り取り、はさみで絵のように切る。

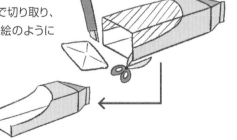

やりとり 歩く〜

クルクルストップ

ねらい

＊ フープの動きを見たりふれたり
して楽しむ。

準備する物

フープ

\ あそび方 /

① フープを回す

子どもと向かい合って立ち、保育
者がフープを回してみせます。

② フープを止める

子どもがフープをさわって、動き
を止めます。

③ 転がす

保育者が転がして子どもが捕まえ
ます。

クルクル〜

できたね〜

そ〜れ
コロコロ

ことばかけ

「フープが回るよ、クルクルリーン、捕ま
えてみようか」

保育者の援助

回したり、転がしたりする際には、子どもがつかみや
すいようにゆるやかに動かします。慣れるまで2人の保
育者が、止めたり転がしたりを見せましょう。

バリエーション

床に並べて

フープをいくつか
床に並べて、子ども
はそこを歩きます。
立てたフープをくぐ
ってあそぶなどもし
てみましょう。

147

自 然 　 歩く〜

ねらい
* 落ち葉の色などに興味をもつ。

落ち葉シャワー

＼ あそび方 ／

1　落ち葉を集める

公園などに行き、子どもたちと落ち葉を拾います。赤系、黄色系など色分けします。

2　子どもにかける

色分けした落ち葉を保育者が「赤色、リンゴシャワー」「黄色、バナナシャワー」などと言いながら子どもにかけます。

赤い
シャワー

今度は
黄色い
シャワーよ

ことばかけ

「いろんな色の落ち葉を、みんなで拾ってみよう」

保育者の援助

色分けする際に、赤にも鮮やかな赤や黒ずんだ赤、黄色も茶色がかった黄色などいろいろな色があることに気がつくようにしましょう。

🐼 あそびのヒント

五感を刺激して

落ち葉を拾うときに「どんな形かな？匂いはする？　さわった感じはどう？」など、子どもが興味をもてるような言葉をかけていきます。

クンクン

手みたい

けってはいはい

\ あそび方 /

1 　子どもをうつぶせに寝かせ、手は前に出した状態にします。

2 　保育者の手のひらを子どもの足の裏に当て、右足と左足を交互に軽く押します。子どもがけり返す反動でずりばいするよう促します。

保育者の援助

　子どもの足を押すときは、片足ずつ軽い力で。子どもの足が開きすぎないように注意します。

軽い力で、交互に押してずりばいを促します。

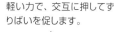

Part
1
クラスづくり

10
月

コロコロキャッチボール

準備する物

ボール（やわらかい素材のもの）

\ あそび方 /

1 　保育者は子どもと向かい合って足を開いた状態で座ります。

2 　ボールを子どもに向かって転がします。子どもが受け取ったら、保育者に向かって転がすよう促します。

あそびのポイント

　子どもの片方の足にめがけて転がすと、体を傾けてボールにさわろうとします。柔軟性やバランス感覚の育ちにぴったり。

コロコロ〜

動くボールにうまく調子を合わせられないときは、保育者が子どもの後ろに座り、いっしょにボールを転がすことから始めます。

149

🎼 にんぎ にんぎ

1 【1番】 にんぎ にんぎ

子どもの両手をグーの形にして2回上下に振る。

2 ひらいた

両手をパーにひらく。

3 おつむ てんてん

両手のひらで頭を軽くたたく。

4 ひじ ぽんぽん

左手を曲げ、右手でひじを軽くたたく。

5 【2番】 にんぎ にんぎ

❶と同様にする。

6 ひらいた

❷と同様にする。

7 おでこ でこでこ

おでこを軽くたたく。

8 ひざ ぽんぽん

ひざを軽くたたく。

♩=90　　　　　　　　　　　　　　　　　　　　　　わらべうた

1.2. にん ぎ にん ぎ ひ ら い た

おつむ てん てん ひじ ぽん ぽん
おでこ でこ でこ ひざ ぽん ぽん

🎼 いっぴきちゅう

1 【1番】
いっぴきちゅう

人差し指で子どもの手のひら
を軽く2回たたく。

2 もとにかえって

手のひらを引っくり返し、手
の甲を見せる。

3 にひきちゅう

人差し指と中指で手の甲を
軽く2回たたく。

4 【2番】
にひきちゅう

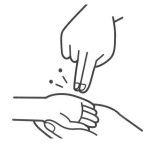

人差し指と中指で手のひらを
軽く2回たたく。

5 もとにかえって

❷と同様にする。

6 さんびきちゅう
【3〜5番】

手の甲を中指と人差し指、薬指
でたたく。3〜5番は歌に合わせ
て指を増やし、1番に準じる。

♩=90

わらべうた

1. いっ	ぴ	き	ちゅう						に	ひ	き	ちゅう
2. に	ひ	き	ちゅう						さん	び	き	ちゅう
3. さん	び	き	ちゅう	も	と	に	かえっ	て	よん	ひ	き	ちゅう
4. よん	ひ	き	ちゅう						ご	ひ	き	ちゅう
5. ご	ひ	き	ちゅう						お	し	ー	まい

絵本

りんご

リアルに描かれた赤、黄、ピンクのリンゴが登場。お母さんが皮をむいて、切って、さあみんなで召し上がれ。いっしょに食べたくなる絵本です。

読み聞かせポイント

給食にもよく出る果物だけに、ぜひ丸ごとのリンゴにふれ、丸い形・匂い・手ざわりを確かめる機会を。

ぶん／松野 正子
え／鎌田 暢子
童心社

どんどこ どん

土の中で「どんどこ どんどこ」と大きく育っているのは何でしょう？ 縦開きでダイナミックに描かれた野菜の絵が魅力的な絵本です。

読み聞かせポイント

「どんどこ」の響きを大切にリズムよく読んで。畑へ行ったり採れたての野菜にふれても楽しいですね。

作／和歌山 静子
福音館書店

ぎゅ ぎゅ ぎゅ――

丸い形がくっついて「びゅーん」と伸びたり、「ぱちーん」とはじけたり、鮮やかな色やデザインとリズムにあふれた擬音語が詰まっています。

読み聞かせポイント

ページをめくるタイミングは、子どもたちの目線を参考に。穴に興味をもったときは、ふれながら読みましょう。

作・絵／駒形 克己
KADOKAWA

おせんべ やけたかな

ページをめくるごとに1枚ずつせんべいが焼け、かわいいお顔が現れます。「おせんべ やけたかな」「やけた！」の繰り返しが楽しい絵本です。

読み聞かせポイント

読後、子どもをおせんべに見立てて、焼けたらおせんべを食べる（くすぐる）あそびをするのもおすすめ。

構成・文／こが ようこ
絵／降矢 なな
童心社

どうぶつ どんどん

ペンギンの散歩、ゾウの水浴び、ライオンの昼寝など、動物たちのいきいきとしたようすが描かれています。動物に興味をもつきっかけに。

読み聞かせポイント

まねしたくなる動きがいっぱい。ペンギンのようにヨチヨチ歩くなど、いっしょに体を動かしてみましょう。

文・絵／たしろ ちさと
大日本図書

かめくんのさんぽ

かめくんが散歩に出かけます。わにくんやかばくんも散歩に誘いますがみんなはお昼寝中。仕方がないのでみんなの背中の上を歩いて行って…。

読み聞かせポイント

かめくんを意識してのんびり読むのがおすすめ。マットで作った山を動物に見立て、乗り越えてあそんでも。

さく・え／なかの ひろたか
福音館書店

読み取ろう
子どもの育ち

Mくん：11か月

 10月のようす

　天気がよかったので、抱っこで園庭に出ると機嫌よくキョロキョロと周囲の観察を始めた。芝生の上に下ろしてあげるとずりばいで進む。土の部分でも気にせずずりばいで移動し、気になった草や花に手を伸ばしてさわっていた。シャボン玉を吹くと、目で追ってさわろうとしていた。

読み取り

3つの視点
身近なものと関わり感性が育つ

 この場面での子どもの育ち

　落ちついて過ごすことができ、周囲に目がいくようになってきている。四肢が発達し、ずりばいで自分が気になるところまで移動し、いろいろな物に興味をもってさわってみようという気持ちも育ってきている。また、実際に手でさわって、その物の感触も感じている。

今後の手立て

　気候のよい季節なので1日1回は園庭に出るようにして、自然にふれていきたい。手先で感触を味わえるよう、落ち葉などを用意したい。手に持った物を口に入れないよう、注意したいと思う。

Nちゃん：1歳4か月

 10月のようす

　みんなで園庭に出ると、両手に空のバケツを持って得意げにヨチヨチと歩き回っていた。慣れてくると、乳児用の築山の端にあるなだらかな斜面をゆっくりと登り、満足そうにしていた。しかし斜面を降りる際、バランスが崩れてしまい、前に転倒してしまった。鼻を大きく擦りむき、皮膚科を受診した。

読み取り

3つの視点
健やかに伸び伸びと育つ

 この場面での子どもの育ち

　ヨチヨチと歩行ができるようになり、お気に入りの物を持って斜面に挑戦する姿は立派だった。しかし、まだ歩行は完成しておらず、両手に物を持って歩くこと、斜面を登り降りするときに起こりうる事故を保育者が想定できていなかった。成長に伴う危険についても考慮したい。

今後の手立て

　月齢が大きくなり歩行に安定感が増してきてはいるが安心せず、常に危険予知に努めたい。その先にどんなことが起こるかを見通して、自分の立ち位置を考え、すぐ手を差し伸べられるようにしたい。

11月

* 安心、安全な環境で感染症に気をつけ、健康に過ごす。
* 見守られている安心感の中で、自分のしたい気持ちを表現する。
* 好きなあそびや探索活動を楽しむ。

チェックリスト

☐ 体温、咳や鼻水の有無に気を配り、一人一人の体調管理をする。

☐ 子どもの笑顔を引き出すようにする。

☐ 喃語やクーイングなどのおしゃべりにも楽しく応える。

☐ はいはいの子と歩く子のスペースを分けて、活動しやすいようにする。

☐ 子どもの成長を随時、保護者に伝え、喜びを共有する。

やりとり　おすわり〜

リンリンどこだ?

準備する物

鈴、容器

ねらい

* 見えたり隠れたりする変化や、
音への興味を広げる。

あそび方

1 鈴を振って見せる

向かい合って座り、保育者が「リンリン、いい音だね」と言いながら、鈴を振って見せます。

リンリン
いい音だね〜

2 容器をかぶせて隠す

鈴を床に置いて容器をかぶせ、「あれれ、見えなくなっちゃった。どこかな、どこかな?」と言いながら、保育者が探すふりをします。

見えなくなっちゃった

3 保育者が見つける

保育者が容器を持ち上げ、「あったー!」と鈴を見せて音を鳴らします。

あったー!

4 子どもが見つける

❶〜❸を何度か繰り返し見せてから、鈴を隠した容器を子どもの前に置きます。子どもが自分で容器を持ち上げたら「あったね!」と鈴を子どもに渡します。

あったね!

ことばかけ

リンリーン（鈴の音を聞かせて）「あれ?　音がするよ。いい音だね」

保育者の援助

子どもの興味をひくように音を鳴らしましょう。自分で容器を持ち上げるのは個人差があるので、発達に合わせてあそび方を工夫しましょう。

バリエーション

容器2つで

あそびに慣れてきたら、容器を2つに増やし、どっちに入っているか当てっこをしてみましょう。隠すときは子どもの目の前で容器をかぶせます。

どっちに
入っているかな?

パクン　バナナ

ねらい

＊ 保育者とやりとりしながら、見立てあそびを楽しむ。

準備する物

ハンカチ

＼あそび方／

1 手を上下に動かす

保育者と向かい合って座ります。「いいもの」と言いながら、保育者が両手を合わせ、中にハンカチを入れ上下に動かします。

いいもの

2 ハンカチをバナナに

「みつけた　バナナ」と言いながら、ハンカチの中央をつまんでバナナの形にします。

みつけた
バナナ

3 食べるまねをする

「もぐもぐパクン　もぐもぐパクン」と言いながら、まず保育者がバナナを食べるまねをし、次に子どもが食べるまねをします。

もぐもぐ
パクン

4 頬をつつく

「ああ　おいしい」で、子どもの頬を指でつきます。

ああ　おいしい

つん

ことばかけ

「（ハンカチを両手にかくして）ハンカチから、何がでーてくるのかな？」

保育者の援助

保育者は子どもの表情を見ながら、ハンカチをつまんでバナナにして、食べるまねを。見立ての楽しさに興味がもてるようにしましょう。

バリエーション

リンゴ　ガブリ

バナナのほかにリンゴでもあそんでみましょう。「みつけたリンゴ」と言いながら、ハンカチを丸めた形にします。「もぐもぐガブリ」で、リンゴをかじるまねをします。

いいもの
みつけた
リンゴ

いっしょにダンス

＊ 保育者とリズミカルな動きを楽しむ。

\ あそび方 /

① 足にのせる

保育者の足の甲に子どもをのせます。子どもの両手を持ってリズミカルに歩きます。

② 足を上げて踊る

動きに慣れてきたら、足を上げて動きに変化をつけて踊ります。

③ 抱えて回る

子どもを抱き上げて1回りするなど、大きな動きを楽しみます。

ラララン

ズンチャッチャ

クルクル

ことばかけ

「（子どもを足にのせて）先生といっしょに、楽しく踊ろうね」

保育者の援助

はじめはゆっくり踊り、次第に大きな動きにしていきます。慣れたら音楽をかけて、リズミカルに踊ってみましょう。

🐼 バリエーション

盛り上がりは抱き上げて

音の盛り上がるところでは、子どもを抱き上げて「たかい、たかいドーン」で下ろします。左右に大きく振っても楽しいです。

たかいたかい

ド〜ン

自 然　**歩く〜**

葉っぱのドレス

\ あそび方 /

① 落ち葉をつける

保育者の服に落ち葉をセロハンテープでつけておきます。

葉っぱの洋服すてきでしょ

あー

② 落ち葉をはがす

子どもが保育者の落ち葉をはがします。はがしたら「とれたー」などの言葉をかけましょう。

とれたねー！

パ！

ことばかけ

「先生の葉っぱのドレス見て！　みんなでとっちゃおうか」

保育者の援助

赤や黄色など色に違いの落ち葉を集めましょう。子どもがとる際に「赤いのあるよ」など、子どもが色に気がつけるような言葉をかけるといいでしょう。

🐼 バリエーション

子どもの服にも貼ろう

子どもの服にもくっつけたり、はがしたりして「つけるよ、ペタッ！」などやりとりを楽しみましょう。

ペタ！

あ〜

運動あそび はいはい〜

輪っかにつかまれ！

＼ あそび方 ／

1 輪になったおもちゃを用意し、うつぶせになった子どもの前に差しだします。

2 子どもが両手で握ったら、少し傾きをつけてあそびます。

保育者の援助

慣れてきたら、少し引っ張ってうつぶせで床の上を滑りましょう。フローリングの床だとよく滑ります。はじめは短い時間でようすを見ましょう。

ねらい

＊ 物を握る力を高める。
＊ 床を滑る感覚を楽しむ。

準備する物

輪になったおもちゃ

両手でしっかりと握らせます。

運動あそび 立っち〜

大好きハイタッチ

＼ あそび方 ／

1 保育者はパペットを手にはめて、子どもの目線に合わせて中腰になります。

2 「こんにちは〜」などと言葉をかけながら、子どもがタッチするよう促します。

保育者の援助

パペットの位置は、子どもの手が届くくらいの高さに。なかなか届かないようなら、「あそびにきたよ〜」などと言いながらパペットを子どもに近づけましょう。

ねらい

＊ 言葉を伴ったやりとりを楽しむ。
＊ 歩く意欲を高める。

準備する物

パペット

タッチ

中腰になって、子どもの目線に合わせます。

🎼 ハナハナあそび

1 ハナ ハナ…
ハナ みみ

人差し指で子どもの鼻を4回
つついたあと、耳をさわる。

2 みみ みみ…
みみ くち

耳を4回さわったあと、口を
さわる。

3 くち くち…
くち ほっぺ

口を4回さわったあと、頬を
さわる。

4 ほっぺ ほっぺ…
ほっぺ め

頬を4回さわったあと、目の
ふちを軽くさわる。

🐑 あそびのポイント

　子どもが座れるようになったら、保育者と子
どもが向かい合って座り、あそびましょう。2小
節目の休符は、子どもと見つめあったり、名前
を呼んだりします。繰り返してあそぶうちに、
子どもが自分で自分の鼻をさわるようになりま
す。そうなったら、ゆっくりうたってあそんでみ
ましょう。

作詞・作曲・振付／阿部直美

♩=100

ハ ナ ハ ナ ハ ナ ハ ナ　みみ　　　みみみみみみみみ　く ち

く ち く ち く ち く ち　ほっぺ　　　ほっ ぺ ほっ ぺ ほっ ぺ ほっ ぺ　め

🎼 ぼうずぼうず

1 ぼうずぼうず
　　ひざぼうず

子どもをひざにのせ、ひざ小
僧をなでる。

2 ゆうちゃんのぼうず
（子どもの名前を歌います）

子どものひざ小僧を軽くたた
く。

3 こんにちは

子どものひざ小僧を持ち、
いっしょにおじぎをする。

♩=100　　　　　　　　　　　　　　　　　　　　　　　　　　　　　　わらべうた

ぼう　ず　ぼう　ず　ひ　ざ　ぼ　う　ず　　ゆ　う　ちゃんの　ぼう　ず　こん　に　ち　は

🎼 だるまさん

1 だるまさん…
　　わらうと　まけよ

子どもの顔を見ながら、手を左右に
振る。

2 あっぷっぷっ

子どもの顔を見ながらおもし
ろい顔をする。

> 🐑 **あそびのポイント**
>
> 「だるまさん　だるま
> さん…」のところでは、
> ハンカチで顔を隠して、
> 「あっぷっぷっ」でおもし
> ろい表情を見せてあそ
> んでも、さらに盛り上が
> ります。

♩=94　　　　　　　　　　　　　　　　　　　　　　　　　　　　　　わらべうた

だ　る　まさん　だ　る　まさん　に　らめっこ　し　ましょ　わ　ら　うと　まけよ　あっ　ぷっ　ぷっ

絵本

やさいさん

「やさいさん　やさいさん　だあれ」と土から出ている葉を引き抜くと、「すっぽーん」と根菜が登場。絵が縦に広がるダイナミックなしかけが◎。

読み聞かせポイント
野菜が土から抜けるようすが伝わるように、「すっぽーん」に合わせてページをめくっていきましょう。

さく／tupera tupera
学研プラス

じゃがいもちゃん

じゃがいもちゃんがごろごろと転がったりぶつかったりして、最後はお鍋に入り、おいしく茹で上がります。身近な野菜に親しみを感じられるお話。

読み聞かせポイント
本物のジャガイモを近くに並べて読みましょう。大人といっしょに、じゃがいもを洗うのもよいですね。

作／ひろかわ さえこ
偕成社

まり

まりが「ころころ」転がって「ひゅーん!」と飛んで「ぴしゃっ!」とへしゃげて…と擬態語で話が進みます。何度も声に出して読みたくなる絵本。

読み聞かせポイント
絵と言葉がピタリとハマり、集中して見てくれます。子どもたちの反応を確認しながらページをめくって。

文／谷川 俊太郎
絵／広瀬 弦
クレヨンハウス

のりたいな

郵便車にごみ収集車、宅配車、パトカーと子どもたちの大好きな働く車が登場します。繊細な貼り絵で表現された色のグラデーションも見どころ。

読み聞かせポイント
「どれが好きかな?」と会話を楽しみながら読んでみて。乗り物を探しに散歩に出かけても楽しいですね。

さく／みやまつ ともみ
福音館書店

なでなで ももんちゃん

おなかの痛いキンギョやももんちゃんが「なで　なで　してくれる?」とおなかを向けています。赤ちゃんも思わず手を伸ばしてなでたくなる一冊。

読み聞かせポイント
語りかけるように読みましょう。「なでなで」は子どもが戸惑わないよう、大人もいっしょに行ってみて。

さく・え／とよた かずひこ
童心社

かん かん かん

「かん　かん　かん」の音を合図に踏切の向こう側を食べ物や車、ネコを乗せた列車が通ります。踏切音をいっしょに声に出して読むと楽しさ倍増。

読み聞かせポイント
「がたんごとん」と電車が走る音をイメージしながら読むと、子どもたちも大喜び。いっしょに唱えましょう。

文／のむら さやか
制作／川本 幸
写真／塩田 正幸
福音館書店

Oくん：1歳0か月

 11月のようす

好奇心が旺盛で体力も十分に高まっているOくんは、園庭に出てもはいはいでどんどん行ってしまう。乳児用の斜面をはいはいで登ったり降りたり、何度も楽しんでいた。

手についた砂を観察することもあるが、次第に動く範囲が広がり、ついには側溝の方までも行ってしまうので、慌てて連れ戻した。

読み取り

3つの視点
健やかに
伸び伸びと
育つ

✳ この場面での子どもの育ち

手と足がしっかりとしてきて、はいはいが安定してきた。平坦な場所よりも坂道を登る、降りるなど、障害がある方が楽しいようだ。同じ場所を行ったり来たりすることも楽しいのだろう。行ってほしくないなと思う場所に行ってしまうが、探索が広がってきたともいえる。

 今後の手立て

はいはいをたくさんできるように、遊戯室など広い場所であそんでいきたい。マットや踏切板などを使って障害物を作り、全身を使ったはいはいを十分に重ねたい。危険のないよう、目を離さないようにする。

Pちゃん：1歳5か月

 11月のようす

机に画用紙とオレンジのクレヨンを出してみると、自分の意思でクレヨンをつかみ、思いきり手を動かして線をたくさん描いた。描かれた線は力強く、画用紙からはみ出すくらいだった。何回も手を動かして、点をいくつかと線のなぐり描きを楽しんだ。壁に貼ると、じっと見ていた。

読み取り

3つの視点
身近なものと
関わり感性が
育つ

✳ この場面での子どもの育ち

大きく手を動かし、自分で描く点や線をじっと見ていた。オレンジ色もきれいで、思うように描けることをおもしろいと感じたのだろう。思いきり自由に手を動かし、白い紙に自由に描けることで、解放された気分を味わうことができた。

 今後の手立て

まだ左右の線である。上下の線も描けるようになってくると思うので、なぐり描きを活動にもっと取り入れて、楽しめるようにしたい。今度はクレヨンを2色用意して、自分で色を選べるようにしようと思う。

12月

チェックリスト

- ☐ 暖房や加湿器を適切に使い、換気を適宜行う。
- ☐ 衣服の調節ができるよう、ベストやカーディガンなどを用意してもらう。
- ☐ 甘えたい気持ちを理解し、手をつないだり、スキンシップを図る。
- ☐ 感染症や下痢予防のために病状を知り、消毒液などを用意する。
- ☐ 巧技台にマットをかぶせるなど、はいはいで上り下りできるよう設定する。

あそび

ふれあい 寝返り〜

動物おんぶ

ねらい

* 動きの変化を楽しみながら、保育者とのふれあいを深める。

準備する物

おんぶひも

あそび方

1 ゾウになって

おんぶをして、「ゾウさんおんぶ、のっしのっし」と言いながら、大またで歩きます。

2 ウサギになって

「ウサギさんおんぶ、ピョンピョン」と言いながら、小さく跳ねます。

3 アヒルになって

「アヒルさんおんぶ、ガァーガァー」と言いながら、左右にお尻を揺らすようにして歩きます。

ゾウさん
おんぶ
のっし
のっし

ウサギさん
おんぶ
ピョーン
ピョン

ピョン！

アヒルさん
おんぶ
ガァー
ガァー

ことばかけ

「みんなでゾウさんやウサギさんになってみよう」

保育者の援助

子どものようすに合わせて、動きを大きくするなど変化をつけましょう。事前に絵本などでゾウやウサギ、アヒルの絵を見ておくとより楽しめます。

バリエーション

ヒヨコになって

保育者が片ひざを立ててしゃがみ、「ヒヨコさんおんぶ、ピヨピヨ」と言いながら体を左右に揺らしてあそんでみましょう。

ヒヨコさん
おんぶ
ピヨピヨー

そりにのってGo

ねらい

＊ 大きな動きを促し、バランスを養う。

準備する物

毛布のそり

\ **あそび方** /

① 毛布でそりを作る

毛布のそりを作ります。子どもがまたいでそりにのります。

よいしょ

② 進め〜

先頭の保育者が毛布のそりを引っ張ります。もう1人の保育者は、子どものそばについて支えます。

しゅっぱ〜つ

ゴーゴー

ことばかけ ------------------

「**そりが動くよ。しっかりつかまっていてね**」

保育者の援助 ....

毛布のそりの登り降りを十分に楽しんでから、そりを動かします。はじめはゆっくり動かし、少しずつ速く動かしましょう。

🐼 **作り方**

毛布のそり

毛布を図のように丸めます。

ロープで引き手をつける

綿ロープでしばる

毛布を折って丸める

コロコロボール

ねらい

＊ ボールが転がるようすや、保育者とのやりとりを楽しむ。

準備する物

ボール、大きな袋、室内用のすべり台

あそび方

① 保育者が転がす

「いち、に、さーん！」と言って、袋に入れたボールを出して転がします。子どもたちはボールで自由にあそびます。

② すべり台で転がす

保育者が「せーの」と声をかけ、子どもが1人ずつ順番にすべり台のてっぺんからボールを転がします。

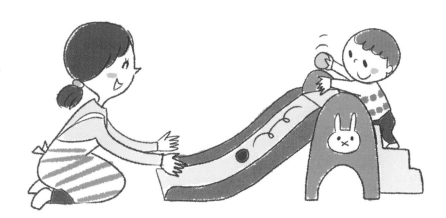

ことばかけ

「この袋にボールがたくさん入っているよ。転がしてみるね。いくよー！」

保育者の援助

ボールはなるべくたくさん用意すると楽しさが増します。すべり台ではまだ順番を守れない子が多いので、子どものそばにも保育者がつきましょう。

あそびのヒント

ボールを拾って袋に入れる

ある程度遊んだら、転がしたボールを子どもが拾って保育者の元へ届けます。袋に入れてもらっても楽しいでしょう。

ありがとう

ハイッ

やりとり　歩く〜

おもちゃバス

ねらい

＊ 歩く動きを促し保育者とのやりとりを楽しむ。

準備する物

おもちゃバス、人形やボール

\ あそび方 /

1 バスを押す

おもちゃバスに人形などをのせて、保育者の方に歩いてきます。

2 おもちゃをのせる

保育者の前でバスを止め、別のおもちゃを「のせてくださーい」などと言いながら入れます。

3 おもちゃをおろす

次は「ここでおりまーす」と言いながらおもちゃをおろし、バスごっこを楽しみます。

いってらっしゃ〜い

ボールくんものせて〜

ア〜イ

おりま〜す

ア〜

ことばかけ

「（おもちゃバスがきたら）運転手さん、ここです！　のせて、のせて〜」

保育者の援助

「バス来ないかな？　あっきたきた」など、子どもが楽しくおもちゃバスを押せるような、やりとりをしていきましょう。

作り方

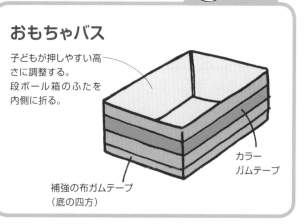

おもちゃバス

子どもが押しやすい高さに調整する。
段ボール箱のふたを内側に折る。

カラーガムテープ

補強の布ガムテープ
（底の四方）

運動あそび　はいはい〜

パック山に登ろう!

\ あそび方 /

🐞 足をリズムに合わせて動かす

牛乳パック（4個程度）をつなげて山を作ります。子どもは、その山を登り降りします。

> 🐰 あそびのポイント
>
> 慣れてきたら、山の高さを変えましょう。牛乳パックを重ねて高くしたり、ダンボールを用意したりして難易度を上げます。

ねらい

＊ 全身を使ってあそび、達成感を味わう。

準備する物

牛乳パック（重しを入れつないだもの）、ガムテープ

箱が動かないように、しっかり支えます。

運動あそび　はいはい〜

ヘビ越えに挑戦

\ あそび方 /

① 長なわを用意し、床にまっすぐに置きます。

② 子どもははいはいをしながらロープにふれないように越えていきます。

> 🐰 あそびのポイント
>
> 慣れてきたら、長なわの本数を増やしてみましょう。連続で越えられるか挑戦します。くねくね道にしてもいいでしょう。

ねらい

＊ いろいろな動きに挑戦し、手足の力を鍛える。

準備する物

長なわ

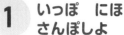

いっぽにほさんぽしよ

1 いっぽ にほ さんぽしよ

子どもの手をとり、人差し指と中指で手首から上にのぼっていく。

2 ここんところで ひとやすみ

腕の付け根まできたら7回つつく。

3 こちょ こちょ こちょ

脇の下を人差し指でくすぐる。

♩=90　　　　　　　　　　　　　　　　　　　　　　　　　　　　わらべうた

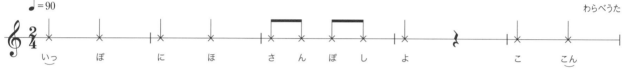

いっ　ぽ　に　ほ　さ　ん　ぽ　し　よ　　　こ　こん

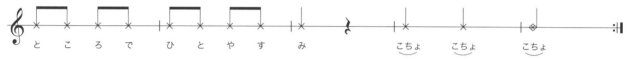

と　こ　ろ　で　ひ　と　や　す　み　　こちょ　　こちょ　　こちょ

おでんでんぐるま

1 おでんでんぐるまに…すととーん

向かい合って、子どもをひざにのせ、ひざを上下に揺らす。

2 しょ

足を開いて、子どもをトンと床に下ろす。

🐑 あそびのポイント

子どもが反対向きに座ったり、横に向いて座ったりと、向きをかえてあそぶのもアイデア。揺らしかたにも変化をつけるとさらに楽しめます。

♩=90　　　　　　　　　　　　　　　　　　　　　　　　　　　　わらべうた

お　でん　でん　ぐるま　に　か　ね　は　ち　の　せて　　　い　ま　に　お　ちる　か

まっ　　さ　か　さん　よ　　も　ひ　つ　お　まけ　に　すと　と　　ーん　しょ

大きなたいこ

1 おおきなたいこ

子どもの手を後ろから支え、両腕で大きな輪を作る。

2 ドーンドーン

バチを持って大きく2回たたくしぐさをする。

3 ちいさなたいこ

両腕で小さな輪を作る。

4 トントントン

バチを持って小さく3回たたくしぐさをする。

5 おおきなたいこ ちいさなたいこ

❶、❸と同様にする。

6 ドーンドーン トントントン

❷、❹と同様にする。

あそびのテンポで

作詞／小林純一　作曲／中田喜直　振付／阿部直美

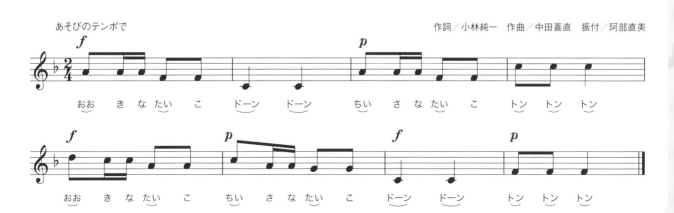

おお　き　な　たい　こ　ドーン　ドーン　ちい　さ　な　たい　こ　トン　トン　トン

おお　き　な　たい　こ　ちい　さ　な　たい　こ　ドーン　ドーン　トン　トン　トン

絵本

さんかくサンタ

さんかくサンタが丸い袋を背負って、四角いおうちへやって来ます。丸、三角、四角で表現された、すてきなクリスマスに笑みがあふれそう。

読み聞かせポイント

リズムを大切にして読んで。折り紙の「さんかくサンタ」を飾って、絵本の世界を再現してみても楽しいでしょう。

さく／tupera tupera
絵本館

ケーキ やけました

チーズケーキにバームクーヘン、アップルパイと、おいしそうなケーキが次々に焼きあがってきます。「あーん」とお口をあけて食べたくなる絵本。

読み聞かせポイント

子どもたちがお口をあけたら、ケーキをつまんで入れてあげて。もぐもぐ、おいしいね、とやりとりあそびを。

作／彦坂 有紀
もりと いずみ
講談社

こちょばこ こちょばこ

ワニやゾウなどの動物の親子が「こちょばこ　こちょばこ」とくすぐってあそびます。絵本のまねをしてあそべば、みんなで楽しめること間違いなし。

読み聞かせポイント

読後は絵本をまねて、ふれあいあそびを。「こちょばこ〜」と声をかけるだけで、子どもたちは大喜びです。

文／中川 ひろたか
絵／村上 康成
ひかりのくに

おおきい ちいさい

不思議な形をした物体の大きいものと小さいものが並んで登場。ものの形や大きさの対比がおもしろいうえ、声に出して読みたくなる言葉も魅力。

読み聞かせポイント

声の強弱をつけて読むのもおすすめ。手を使って大きい・小さいを表現すると、伝わりやすいですね。

さく／元永 定正
福音館書店

はっくしょん

はーちゃんが、くまさんが、ねずみさんが「はっはっはっはっくしょん」とくしゃみをします。最後はみんなで鼻を「ふーん」とかんですっきり。

読み聞かせポイント

くしゃみの大きさを読み分けると楽しいですね。裏表紙もしっかり見せて、ティッシュを渡しましょう。

作・絵／ザ・キャビンカンパニー
岩崎書店

ろうそく ぱっ

クリスマスの夜、動物たちが手にしたろうそくに天使が火を灯していきます。ろうそくの灯る「ぱっ」という音や「ふっ」と吹き消す音が楽しい一冊。

読み聞かせポイント

1本指をろうそくに見立てて動かしながら、巻末にある歌と手あそびを楽しみましょう。表情豊かにすると◎。

作／みなみ じゅんこ
アリス館

読み取ろう 子どもの 育ち

Qくん：1歳0か月

 12月のようす

室内で自由あそびをしているとき、つかまり立ちしていたQくんは手を離し、右足を1歩踏み出した。「すごーい」と拍手すると、にこにこととてもうれしそうにしていた。その後、また1歩踏み出そうとしたが2歩目は出ず、どしんと座ってしまった。初めの1歩、今日は記念日となった。

↓ **読み取り**

3つの視点
身近な人と気持ちが通じ合う

 この場面での子どもの育ち

つかまり立ちから歩行に移行してきた。初めの1歩を見ることができて本当に感動した。Qくんの成長の節目に立ち会えてうれしく思うし、そのときにお互いに笑顔を交し合えたこともうれしい。Qくんの気持ちが伝わってきた。

今後の手立て

記念すべき第1歩を保育者が見たことは保護者には伏せ、家庭からの報告を待ちたいと思う。手をつないで少しずつ歩いたり、好きな玩具を歩いて取りに行くようにするなど、さらに歩行が進むように関わろうと思う。

Rちゃん：1歳6か月

 12月のようす

靴下を自分で履こうと挑戦しているRちゃん。靴下を持っているがかかとが上になっていたり、入り口を広げられなかったりで足先がうまく入らない。手伝おうとすると、くるりと向きを変えてまた1人で履こうとしていた。結局うまくできず、今度は自分から履かせてほしいとばかりに、保育者に靴下を差し出してきた。

↓ **読み取り**

3つの視点
身近なものと関わり感性が育つ

この場面での子どもの育ち

自分でやろうとする気持ちが芽生えてきていることを素晴らしいと感じる。なんとか自分で挑戦して、最後まで履こうとする気持ちは立派だ。靴下の方向を考えたり、いつもしているように手を添えたりと思いを巡らせていた。この姿を大切にしたい。

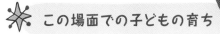 **今後の手立て**

できなくて時間がかかることも多いが、「自分で」というときはできるだけ待ち、「やろうとする気持ち」を大事に育てていきたい。「自分でできた」という実感をもってほしいので、さりげなく手を添えようと思う。

第4期

1〜3月の 保育の見通し

ちょっとだけ
雪にさわってみる？

冬ならではの楽しさを堪能して

冬は氷や雪など、いつもと違った不思議と楽しさに出合える季節でもあります。そっとふれて、冷たさを体験しましょう。

保育の
見通し　**生活面**

イヤイヤ期も
成長のサイン!

心の成長の早い子は、イヤイヤ期に入り始めます。どうして "イヤ" だったのか、子どもの気持ちを代弁し、受け止められる安心感をもてるような対応を心がけて。

保育の
見通し　**あそび面**

大人が手本を見せることで
あそびの幅が広がる

保育者がいっしょにあそぶことで、"こうやってあそぶんだ！" と子ども自身が吸収し、あそびが広がります。些細な行動もよく見ているため、見本となる行動をとりましょう。

🐦 少しずつ友達を意識して

同じあそびを隣でしている子が気になってくる時期。並行あそびではありますが、友達を意識できるよう、保育者が架け橋となりましょう。

🐦 もうすぐ1歳児クラス!

4月になると、1歳児クラスに進級です。少しずつ次の環境に慣れるよう、1歳児のあそびを取り入れるなど配慮を重ねましょう。

保育の見通し　人との関わり

友達との関わりが増える援助を

少しずつ、友達のことを認識して関わろうとすることが増えてきます。保育者がそばで見守ったり、いっしょにあそんだりする中で、やりとりを援助しましょう。

保育の見通し　安全面

あそびの時間は広い空間を意識して

友達との距離が縮まると、あそびのスペースが狭くなりがちです。一人一人のスペースが十分にとれているか確認し、安全にあそべる環境を意識しましょう。

保育の見通し　保護者対応

進級を前に成長を共に喜ぶ

進級の時期は、保護者にとっても気忙しく、不安が募ることもあります。まずは子どものできるようになったことをいっしょに振り返り、成長を共に喜びましょう。

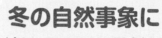

1〜3月の 環境構成

冬の自然事象に親しめる配慮を

「冷たいね」

「氷ってなんだろうね。さわってみる?」

初めての氷にびっくり。冷たいけれど、もう一度さわりたい…。「冷たいね」「もう少しさわってみる?」と、自然なふれあいを促しましょう。

雪や氷といった冬ならではの自然物にふれられるよう、バケツに雪を集めたり、カップ容器に氷を作ったりして、自然に親しめるようにしましょう。無理強いせずに、少しふれて、その不思議さに共感できるとよいですね。

安定していすに座りあそびこめるように

畳やソフトクッションなど、床であそぶことの多い0歳児クラスですが、少しずついすに座って1つのあそびに集中できるように、経験を重ねます。なるべく壁側に机を置き、指先を使った玩具を用意すると、あそびやすいでしょう。

人形の環境が充実すると あそびが広がる!

発達を促す

人形のベッドを作ることで、お世話あそびが充実します。トントンと寝かしつけをしたり、あそびのあとの片づけ時に寝かせたりと、自然にあそびが広がるでしょう。人形の服や、身の回りのものを充実させることで、ごっこあそびの世界がさらに深まります。

お水、どうぞ

ねんねして待っててね

「○○ちゃんをねんねさせてね」と言葉をかけることで、スムーズに片づけられるように。トントンする姿はまるでお母さん!

1歳児クラスの玩具も 取り入れ始めて

発達を促す

進級に向け、少しずつ1歳児クラスの玩具を取り入れて、環境がガラリと変わりすぎないように配慮します。1歳児の保育室にあそびに行くのもおすすめです。

顔の汚れはすぐに きれいにしてあげて

安定した生活

チーンしたらスッキリ!

咳や鼻水の増える時期。特に0歳児はまだ自分で鼻をかむのが難しいため、こまめに気にかけましょう。ティッシュを常備し、不快感がないように配慮します。

子どもの力を
伸ばす

1〜3月の

保育者の援助

1月 🐰

1歳5か月未満

💜 室内で 氷や雪にふれる 機会を

外気温が低くなりすぎると、戸外に出ることも少なくなってきます。前日にカップ容器で雪をためたり、氷を作ったりして、室内でも冬の自然にふれる機会をつくりましょう。

💜 気持ちやしぐさを読み取って

「これやって」「たのしい!」などの気持ちが、しぐさでも見られるようになってきます。そのしぐさを読み取り、「○○やってみようね」「楽しいね!」と言葉で伝え、思いが伝わることのうれしさに共感しましょう。

1歳5か月以上

💜 あそびの手本を 見せることであそびが広がる

模倣あそびは、身近にいる大人の動作が手本となります。自分がしてもらった経験を、人形を通して表現することも多いもの。子どもの手本となる動作を心がけて。

💜 見立てあそびが充実する素材を

積み木を家や車に見立てたり、おはじきで食べ物を表現したりと、いろいろな物を見立ててあそぶ姿が増えてきます。想像する力を広げるような、新聞紙や毛糸など、さまざまな素材を取りそろえましょう。

2月 🐰

💗 担任以外の保育者と関わる時間を

信頼関係がある保育者といっしょに、他のクラスの保育者と過ごし、あそぶ時間をつくりましょう。進級に向けて、いろいろな大人との人間関係が広がるようにしていきます。

💗 顔の汚れは常にきれいに!

鼻水に気づき、子どもが手でぬぐってしまう前に優しく拭き取り、快適に過ごせるようにしましょう。「鼻水がなくなるとスッキリするね」と、清潔にすることは気持ちがよいことを言葉で伝えます。

💗 友達とのやり取りの仲立ちとなって

玩具の貸し借りやいっしょにあそぶなど、少しずつ友達の存在を意識し始めます。お互いの気持ちを伝えたりし、友達とあそぶ楽しさに気づけるように援助します。

💗 "イヤイヤ"にもていねいに関わって

自分の思いが伝わらないときに「イヤだ!」と泣くことが増えてきますが、信頼関係がある保育者に自分の気持ちをわかって欲しいという、子どもが気持ちを伝える手段の一つです。イヤイヤが見え始めたら、伝えようとしている姿に寄り添いましょう。

3月 🐰

💗 あそび込める環境を意識して

あそびに没頭し、集中する姿が見られます。しかし、友達のことが気になり、なかなか集中できないこともある時期。一人であそべる空間を確保し、満足するまで取り組めるよう配慮しましょう。

💗 身の回りのことに興味をもって

「これをいっしょにやってみようね」と声をかけるだけで、着替えや靴履きなど、身の回りのことをやってみようとする意欲が育ってきます。次につながるよう、達成感を大切にしましょう。

💗 1歳児クラスであそぼう

進級するクラスはどんな場所なのか、また、どんな玩具があるのかを子どもといっしょに知る機会をつくりましょう。また、少し難しそうな玩具を1歳児クラスから借りて、あそびに取り入れるのも一案です。

💗 言葉のやりとりが楽しくなってくる!

一語、二語文だけでなく、言葉を連ねて長く話し始めるようになります。伝えたいことを汲み取り、復唱してあげることで、言葉を獲得し、伝える楽しさが身につきます。

月

* おやつや食事、授乳後に顔や手を
ていねいに拭き、清潔にする。
* 保育者や友達の存在に気づき、関
心をもつ。
* 押す、引っ張るなど、体を動かす。

チェックリスト

☐ 思いをくみ取り、安心して自分の思いを表現できるようにする。

☐ 休み明けは体調を崩しやすいので、家庭と連携し生活リズムを整える。

☐ 保育者がゆっくりはっきり話すよう心がけ、子どもの話す意欲を育む。

☐ 衛生管理を徹底し、玩具のなめ回しが起こらないよう消毒する。

☐ 誤飲など危険なものがないか、室内の安全点検を行う。

ふれあい　**おすわり〜**

抱っこでブーン

ねらい

* 変化のある体の動きとふれあいを楽しむ。

\ あそび方 /

① 縦抱っこで回転

子どもを縦にしっかり抱いて、「抱っこでくるん」と言いながら、左右交互にひと回りします。

② 横抱っこで回転

子どもの体を横にして抱え、「抱っこでブーン!」と言いながら、ひと回りします。

③ ひざに着陸

「着きました、ドーン!」と言いながら、保育者のひざに座らせます。

くるーん

ブーン

ドーン

ことばかけ

「○○ちゃん、クルクル回ってあそぼうね」

保育者の援助

子どものようすに合わせて、スピードに変化をつけましょう。ぶつからないように空間を十分にとり、安全な場所であそびましょう。

パリエーション

擬音で変化をつけて

子どもを横に抱え、「抱っこでガッタンゴットン」と言いながら、子どもの上半身、下半身を交互に上げ下げして揺らします。

ガッタンゴットン

ねらい
* 保育者とふれあいながら体の動きや、見立てあそびを楽しむ。

雪だるまごろーん

\ あそび方 /

1 子どもの手をなでる

保育者はあぐらの上に子どもを座らせます。「くるくるまるめて」と言いながら、子どもの両手を取りなでます。

2 体をさわる

「雪だるま」と言いながら、子どもの頭や体をさわります。

3 左右に揺れる

子どもをしっかり抱き「ごろごろごろーん」と言いながら、体を左右に揺らします。

くるくる

雪だるま

ごろごろごろ〜ん

ことばかけ

「ごろごろごろーんの、雪だるまあそびするよ」

保育者の援助

最後の「ごろごろごろーん」では、最初は動きを小さくして、次第に大きく揺らしてあそびましょう。慣れない子は床にマットを敷いて、落ちても安全にします。

バリエーション

保育者が雪だるまに

あぐらをかいた保育者を、子どもが揺らします。子どもが少し押しただけでも、保育者は大きく体を動かしてそのやりとりを楽しめるようにしましょう。

おっとっと

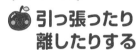 **歩く〜**

引っ張れ　キョロちゃん

ねらい

＊ 動くおもちゃに興味をもち、動きや音の変化を楽しむ。

準備する物

ポールなど、キョロちゃん人形

\ **あそび方** /

🍎 **引っ張ったり離したりする**

　ポールなどに、作ったキョロちゃん人形をつるし、子どもが引っ張ったり離したりを楽しめるようにします。

🐻 **ことばかけ**

「キョロちゃんを引っ張ってー、離してー。音もするよ」

保育者の援助

　キョロちゃん人形のゴムの長さを変えて、子どもがいろいろな高さに手を伸ばして引っ張れるようにしましょう。下に置く台の高さを変えてもいいでしょう。

🐼 **作り方**

キョロちゃん人形

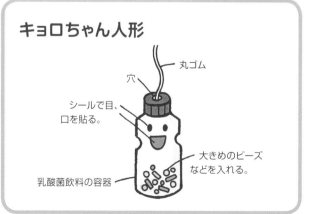

丸ゴム

穴

シールで目、口を貼る。

大きめのビーズなどを入れる。

乳酸菌飲料の容器

やりとり　歩く〜

運ぶよ　鏡もち

ねらい

＊ 運ぶ、重ねる、引っ張るなど体を使った動きを経験する。

準備する物

鏡もち、そり

＼ あそび方 ／

① 鏡もちをのせる

あらかじめ作った鏡もちを、そりの上にのせます。

ここに
のせてね

ショ

② そりで運ぶ

重ねた鏡もちを、引っ張って運びます。

よいしょ
よいしょ

ことばかけ

「おもちを運ぶよ、よいしょ、よいしょ」

保育者の援助

鏡もちの大きさは、子どもが抱えられる大きさにします。運ぶ途中で落ちてしまったら、いっしょに積み直してあそびが継続できるようにします。

　作り方

鏡もちとそり

鏡もち　　　　　　　形を整えてテープを貼る。

エアパッキン　　　　カラーポリ袋

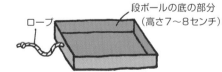

そり　　ロープ　　　段ボールの底の部分
（高さ７〜８センチ）

運動あそび 　**歩く〜**

ねらい
* 全身を使ってあそぶ。
* 歩くことを楽しむ。

準備する物

マット

でこぼこマットロード

\ **あそび方** /

1 マットを2枚用意し、間隔を開けて並べます。

2 スタートとゴールを設定し、「よーい、どん」の合図で歩きます。

あそびのポイント

慣れてきたらマットを3枚用意し、同じようにデコボコ道になるように間隔を空けてマットを置きます。より長い距離を歩く練習になります。

マットがずれないように、マットの端をしっかりと押さえます。

運動あそび 　**歩く〜**

ねらい
* 歩行を促し、保育者とのふれあいを楽しむ。

せーのでタッチ!

\ **あそび方** /

1 保育者は子どもと向かい合って立ち、子どもの目線に合わせて中腰になります。

2 両方の手のひらを子どもに向け、「せーの」と言いながら軽く突き出します。

3 子どもといっしょに「タッチ!」と言いながら、両手でタッチします。

せーの
タッチ!

子どもの目線に合わせて、中腰になります。タッチはあくまでも優しい力加減で。

185

手あそび うたあそび

🎼 せんぞやまんぞ

せんぞや → まんぞ ←

子どもをひざにのせて、うたいながら舟をこぐように前後に押したり引いたりしてあそぶ。

🐑 **あそびのポイント**

折り紙で舟を折り、ペープサートのように棒をつけます。大人がこれを持って、「♪ギッチラギッチラ」のところで動かして、この曲が舟のことをうたっていることに気づかせましょう。

♩=90　　　　　　　　　　　　　　　　　　　　　　　　　　　　　　　　わらべうた

せん ぞ や　まん ぞ　お ふ ね は　ギッ チ ラ コ　ギッ チ ラ ギッ チ ラ こ げ ば　み な と が

み え る　え び す か　だい こく か　こ ちゃ ふ く の か ー ー み　　よ

🎼 うまはとしとし

1 うまはとしとし… パカ パカ パカ パカ

子どもをひざにのせて、リズムに合わせてひざを上下に動かして揺らす。

2 ヒヒーン

ヒヒーン

うたい終ったら「ヒヒーン」と言いながら、子どもを抱き上げ、「高い高い」をする。

🐑 **あそびのポイント**

子どもがこわがるようなら、始めは床に座ってゆっくりあそんでみても。徐々に楽しめるようになったら、いすに座ってダイナミックにあそびます。

♩=86　　　　　　　　　　　　　　　　　　　　　　　　　　　　　　　　わらべうた

う ま は と し と し な い て も つ よ い う ま は

つ よ い か ら の り て さ ん も つ よ い　パカ パカ パカ パカ　ヒヒーン

ペンギンさんのやまのぼり

1番

1 ペンギンさんが
…のぼります

曲に合わせて子どもの手
の甲をリズミカルにたたく。

2 トーコトット
トコトット

保育者は2本の指で子ども
の腕を手首から肩に進む。

3 スーッと
すべって

人差し指で肩から手
首までなで下ろす。

4 いいきもち

❶と同様にする。

2番

5 しろくまさんが…
ドコドンドン

1番と同様。ただし子ども
の腕を拳で上る。

6 スーッとすべって
いいきもち

1番と同様。拳で腕を下りる。

あそびのポイント

子どもの腕を氷山に見立て
たあそびです。「♪ウサギさん」
「♪サンタクロースさん」など
登場人物に変化をつけてうたっ
ても楽しめます。冬のお誕生
会などにもおすすめです。

♩=100

作詞・作曲・振付／阿部直美

1. ペン ギン さんが
2. しろ くま さんが
こお りの おやまを の ぼり ます

トー コ トット トコトット
ドー コ ドンドン ドコドンドン

スーッ と すべって いいき も ち

絵本

ごくらく ももんちゃん

ももんちゃんがお風呂に入っていると、金魚やサボテン、おばけがやって来て、いっしょにお湯につかります。お風呂の気持ちよさが伝わってくる一冊。

さく・え／とよた かずひこ
童心社

読み聞かせポイント

段ボールなどで囲いを作って、お風呂ごっこにつなげても楽しい。タオルさんもぜひ用意して本格的に！

おふろでんしゃ

お絵描きや泥あそびで汚れたあとは、泡や雨降りのトンネルですっかりきれいに。トンネルを抜けたら湯船にざぶん！ お風呂が楽しみになるお話です。

え／木戸 直子
交通新聞社

読み聞かせポイント

「いないいない」の期待を受け止めつつ「ばあ!」でページをめくって。最後に描かれたねんね駅にもふれて。

どうぶつド ド ド

ネズミ、ウサギ、アライグマ、コアラ…と動物を順に並べて、最後に「ちょん」と押すとドミノ倒しに。たくさん出てくる擬音語もおもしろい絵本。

作・絵／矢野 アケミ
鈴木出版

読み聞かせポイント

擬音語を楽しみながら読みましょう。「もういっかい」のリクエストが出たら、できるだけ応えてあげて。

あっはっは

「あっはっは」「いっひっひ」「うっふっふ」。いろいろな笑い方で溢れる絵本です。読み聞かせるうちに、顔がほころんで愉快な気持ちに。

さく・え／川之上 英子
川之上 健
岩崎書店

読み聞かせポイント

読み手が楽しんで読むことで、クラスが子どもたちの笑い声と笑顔でいっぱいになります。

あがりめ さがりめ

わらべうた「あがりめ　さがりめ」に合わせて男の子の表情が変わり、最後はネコに変身して…。絵本をまねて、いっしょにあそびたくなりそうです。

さく／いまき みち
福音館書店

読み聞かせポイント

わらべうたであそびながら読んでみましょう。最後の展開がよい刺激となり、驚きを楽しむようすも見られます。

ゆきみちさんぽ

雪の日、お散歩に出かけた女の子が出合ったのは、雪をかぶったツバキの花や、きらきら光るつららにソリ滑り。雪が待ち遠しくなるお話です。

作／えがしら みちこ
講談社

読み聞かせポイント

雪だるまやソリあそびなど、絵本と同じことができると、次に読むとき絵本の世界に入りやすくなります。

読み取ろう 子どもの 育ち

 ## Sちゃん：1歳0か月

 ## Tくん：1歳7か月

⭐ 1月のようす

「ごはん食べようね」と抱っこをすると、足をピンピン曲げ伸ばしさせて喜んでいる。スプーンを口元に持っていくと自分から顔を近づけてくる。手もよく出るようになってきた。

今日も完食して、「ごちそうさましようね」と話すと、「もっと食べたい」とばかりに、大きな声を出してアピールした。

⭐ 1月のようす

あつまれー

昼食はカレーライス。最後に「"あつまれ"しようね」と、器に残ったごはんを集めると、自分でスプーンにのせて食べることができた。キャベツのおひたしはいつも食べないので、ちくわだけをより分けて勧めるとよく食べ、最後にキャベツも食べた。「キャベツもおいしいね」と話すと笑顔になった。

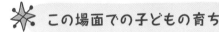
読み取り

3つの視点
健やかに
伸び伸びと
育つ

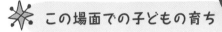
読み取り

3つの視点
健やかに
伸び伸びと
育つ

✳ この場面での子どもの育ち

食べることが大好きで自分から口に取り込もうとし、意欲が高まってきている。手づかみも始まってきた。手で食べることで満足感を味わっているようだ。「もっと食べたい」と大きな声で自分の気持ちを保育者に伝えようとしたのだと感じた。

✳ この場面での子どもの育ち

スプーンを上握りに持てるようになってから、食べ物をすくうことが上手になってきた。少し補助するだけで、ゆっくりながらも自分で食べようとする。カレーはとろみがあるので、こぼすことも少なかった。いつもは食べない野菜も、調理方法を工夫することで食べられた。

🔷 今後の手立て

パク パク

栄養士と相談し、昼食の量を少し増やしてもらおうと思う。小皿に小さく切ったパンを用意し、手づかみで自分で食べられる満足感につなげたい。舌の動きや歯茎などを見ながら、咀嚼（そしゃく）の状態を把握したい。

🔷 今後の手立て

かみ かみ

食材を一口大に介助用スプーンで切っておき、スプーンですくいやすくし、自分で食べることにつなげたい。丸飲みにならないように、「かみかみ」と言葉をそえて指導し、楽しい食事の時間になるようにしたい。

Part
1
クラスづくり

1
月

189

2月

* 体調や活動に合わせて衣服を調節し、心地よく過ごす。
* 保育者や友達といっしょに同じあそびを楽しむ。
* 冬の自然に親しみ、感触を楽しむ。

チェックリスト

☐ 保育者もいっしょに、笑顔であそぶ姿を見せる。

☐ インフルエンザや感染症が流行するので、体調について連絡し合う。

☐ 子どもの発達に合った玩具を用意し、指先の発達を促す。

☐ 試みが達成された瞬間を見逃さず、自信をもてるよう共感する。

☐ 安全で広々とした環境を整え、十分に活動ができるようにする。

ふれあい　おすわり〜

ゆらゆらラッコ

ねらい
* 体の動きを楽しみながらふれあいを深める。

\ あそび方 /

1 おなかにのせて

ゆ〜らゆ〜ら
ラッコっこ

保育者があお向けに寝て、おなかの上に子どもをのせます。保育者が「ゆらゆらラッコっこ」と言いながら、おなかを左右に揺らします。これを数回繰り返します。

2 顔を近づけて

○○ちゃんラッコ
こんにちは〜

子どもの顔を保育者に近づけ、「○○ちゃんラッコ、こんにちは!」と声をかけます。

3 おでこをくっつけて

おでこを
こっつんこ!

「○○ちゃんラッコ、おでこをこっつんこ」と言いながら、互いの額を合わせます。

4 ほっぺをくっつけて

ほっぺを
こっつんこ!

「○○ちゃんラッコ、ほっぺをこっつんこ」と言いながら、互いの頬を合わせます。

ことばかけ

「○○ちゃん、ラッコになって、あそびましょう」

保育者の援助

子どものようすを見ながら、揺らし方を調整しましょう。感触を楽しみながら、「ほっぺ、やわらかいね」などと声をかけましょう。

バリエーション

体を起こしてこっつんこ

こっつんこ!

保育者が体を起こして子どもをひざにのせ、いろいろな部位をこっつんこしてあそびます。最後にぎゅうっと抱きしめましょう。

やりとり　おすわり〜

お鼻が伸びた

ねらい

＊ 引っ張ると伸びる変化を楽しむ。

準備する物

牛乳パックゾウさん

\ あそび方 /

1 ゾウさんの鼻を引っ張る

子どもと向かい合い、牛乳パックで作ったゾウさんの鼻を引っ張ります。

2 ゾウさんを揺らす

伸びたゾウさんの鼻を「ブラーンブラーン」と揺らします。

3 今度はしっぽを引っ張る

反対側のしっぽを引き出します。

お鼻をビヨ〜ン

ブラ〜ン　ブラ〜ン

今度はしっぽ

ことばかけ

「ながーい　ながーいお鼻だね、しっぽはどうかな？」

保育者の援助

「お鼻が伸びたー」「今度はしっぽが伸びたー」と何度も繰り返してあそぶうちに、ゾウの鼻としっぽの関係がわかる子どももでてきます。

作り方

牛乳パックゾウさん

500ml牛乳パックの注ぎ口の四方に切り込みを入れる。

周りに色画用紙を貼る。

切る

穴　穴をあける

500mlの牛乳パック

色画用紙　丸シール

綿ロープを通し端を結ぶ

穴にロープを通してから上部を閉じる

みんなで　歩く〜

丸ちゃんみーつけた

ね ら い
* 探したり見つけたりすることを
楽しむ。

準備する物

丸ちゃんカード

\あそび方/

🍎 保育室に貼った
丸ちゃんを探そう

保育者は丸ちゃんカードを作り、保育室のいろいろな場所に貼ります。保育者は、子どもといっしょに部屋のあちこちを探します。子どもは見つけた丸ちゃんを自分の洋服に貼ります。

ことばかけ

「丸ちゃん、丸ちゃんどーこかな？　みんなで探してみよう」

保育者の援助

丸ちゃんは子どもの目につきやすい場所だけでなく、物陰など少しわかりにくいところにも貼りましょう。高さは、子どもの手の届く高さに。

🐼バリエーション

顔カードや動物カード

丸ちゃんカードは、動物の絵や泣き顔、笑い顔などにしても楽しいでしょう。子どもが見つけやすいようにはっきりとした線で描きます。

ぽよよんビニール

ねらい
※ 素材のおもしろさに出合う。

準備する物
ドライヤー、カラーポリ袋、ミニビニールボール

\ あそび方 /

❶ ポリ袋に空気を入れる

子どもたちに見えるように、ポリ袋を持って走ったりドライヤーを使ったりして空気を入れます。ポリ袋の口を輪ゴムで結びます。

それーっ

ふわふわ気持ちいいねー

❷ ポリ袋であそぶ

ポリ袋をたたいたり、抱きついたりして、自由にあそびます。

ポーンってしてごらん

フワフワ〜！

❸ ミニビニールボールであそぶ

保育者が、空気を入れた小さなビニール袋（ミニビニールボール）を、雨のように降らせます。

雨だー

キャー！

ポーン！

ことばかけ - - - - -

「こんなに膨らんだよ。両手でポーンってしてみよう」

保育者の援助 👶

ポリ袋がしぼんだら、もう一度空気を入れます。ポリ袋の上にのったりする子どももいるので、安全面には気をつけます。

🐼 作り方

ミニビニールボール

小さいビニール袋に空気を入れ、口を留め、ビニールテープを周りに貼る。

 →

次に、ビニール袋がパンパンになるように、ビニールテープを十字に貼る。

↓ 目や口を描いたり貼ったりして、顔をつける。

運動あそび　歩く〜

歩こう、輪っか道

\ あそび方 /

① ホースの輪を3個くらい用意し、1列に並べます。

② 保育者が見本を見せたりしながら、子どもが輪の中を歩くように促します。

🐼 作り方

ホースの輪

ホース
← 切り込み
テープ
切り込みを入れた方の穴に逆側のホースを差し込み、テープでとめる。

まっすぐ並べたり、少しずらして置いたりしてみても◎。

運動あそび　歩く〜

てくてく輪っか入れ

\ あそび方 /

① 輪投げの本体の軸を少し離れた場所に置き、輪を子どもに手渡します。

② 「輪っかを入れてみよう」と声をかけ、歩いて輪を入れるよう促します。

🐰 あそびのポイント

輪投げを使いますが、輪は投げずに歩いて軸まで持っていくあそびです。子どもが歩くきっかけになり、目的を達成する喜びも味わえるでしょう。

本体を置く場所は、子どものようすを見て調整します。

195

おやゆびさんで パーチパチ

1 おやゆびさんで パーチパチ

子どもをひざにのせ、両手の親指を打ち合わせる。

2 ひとさしゆびさんで …あかちゃんゆびで パーチパチ

人差し指から小指まで順に同様に打ち合わせる。

3 きこえないから

両手を耳にあてて小さい声で唱える。

4 パーチパチ

5本の指全部で大きく3回拍手する。

あそびのポイント

言葉に合わせて左右の同じ指を打ち合わせます。特に「あかちゃんゆびでパーチパチ」は小さいしぐさで小さくうたい、最後は元気に拍手をして盛り上げましょう。「紅指」は薬指のことです。

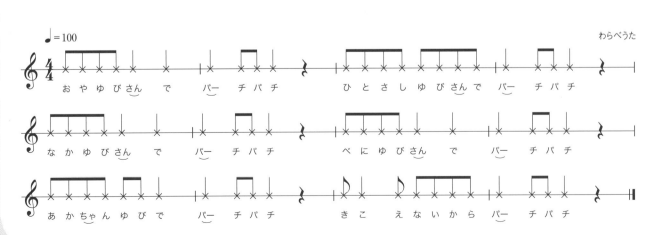

♪ ちょちちょちあわわ

1 ちょち　ちょち

子どもをひざにのせて、両手をとり2回たたく。

2 あわわ

手のひらで口元を軽く3回たたく。

3 かいぐりかいぐり

両手をグーにして、体の前で上下にまわす。

4 とっとのめ

両手で目元を軽く2回たたく。

5 おつむてんてん

両手のひらで頭を3回軽くたたく。

6 ひじぽんぽん

片方のひじを曲げ、もう一方の手のひらで軽く1回たたく。手を入れかえて繰り返す。

わらべうた

♩=94

ちょ　ち　ちょ　ち　あ　わ　わ　　かい　ぐり　かい　ぐり　とっ　と　のめ

おつ　む　て　ん　て　ん　ひ　じ　ぽ　ん　ぽん

スープに なりました

ニンジン、ジャガイモ、トマト、エダマメなど、身近な野菜がおいしそうなスープに変身します。木版画で描かれた魅力的な絵に、おなかが鳴りそうな作品。

読み聞かせポイント

ごくっと飲むしぐさを取り入れると楽しめます。給食メニューに取り入れて、絵本の世界を味わっても。

作／彦坂 有紀
もりと いずみ
講談社

コップちゃん

コップちゃんが車になったりゴロンと転がったり、いないいないばあをしたりと大活躍。赤ちゃんにおなじみの言葉がリズミカルに続くのも楽しい。

読み聞かせポイント

コップを使う際に「トクトクトク」と注ぎ、そのコップをコップちゃんに見立てるなどしてあそびましょう。

ぶん／中川 ひろたか
え／100％ORANGE
ブロンズ新社

いろいろばあ

赤、青、黄色の絵の具がチューブから勢いよく飛び出してきます。2色が混ざり合って別の色が生まれるなど、色の不思議と楽しさにふれられます。

読み聞かせポイント

はっきりとした色とオノマトペの刺激が魅力。読後はフィンガーペインティングで絵の具の感触を楽しんで。

作／新井 洋行
えほんの杜

くっついた

キンギョ、アヒル、ゾウなど身近な動物がくっついていきます。最後はお母さんとわたしがくっついて…。親子のふれあいがほほえましい作品。

読み聞かせポイント

お部屋の中で「くっついた」ごっこをしてみて。大人が子どもにピタッとくっつくと大喜び間違いなし。

作・絵／三浦 太郎
こぐま社

こちょこちょさん

顔のついた手が赤ちゃんを「こちょこちょ」、足を登ってまた「こちょこちょ」とくすぐります。親子のあそびを通したスキンシップが描かれた絵本。

読み聞かせポイント

「こちょこちょ」しながら読んであげましょう。絵本がないときでも、こちょこちょさんのやり取りで楽しめます。

ぶん／おーなり 由子
え／はた こうしろう
講談社

があちゃん

おもちゃのアヒル「があちゃん」がお風呂に入ります。湯船に浮かんで温まり、石けんできれいに洗って…。お風呂の気持ちよさが伝わってきます。

読み聞かせポイント

「があちゃん」を洗ったり流したり拭いてあげたり、絵本の動作をまねしてあそびましょう。

さく／かつや かおり
福音館書店

Uくん：1歳0か月

 2月のようす

　泣いて登園する。今日はおんぶしても、抱っこをしても、園庭に出ても気持ちを切り替えられず、ずっと泣いている。部屋に戻ると久しぶりにベッドの自分のタオルを指差し、とってほしいというしぐさをする。渡すとしばらく握りしめてはいたが落ちつき、そのうちタオルを置いてあそびだすことができた。

読み取り

3つの視点 身近な人と気持ちが通じ合う

✳ この場面での子どもの育ち

　いつもなら担任の保育者が抱っこをしたり、おんぶをしたりすれば泣き止むのに、今日はどうしたのだろう。自分の気持ちを指差ししながら表現し、それを保育者がわかってくれたということは、信頼関係につながったと思う。タオルで気持ちが落ちついて、よかった。

 今後の手立て

　月齢を考えればまだタオルで安心したいという気持ちも理解したい。気持ちを受け入れながら、スキンシップや関わりを大切にして、タオルより保育者が一番、という安心できる存在になりたい。

Vちゃん：1歳8か月

 2月のようす

ちっち

　昼食後の午睡までの自由時間に、保育者に近づいてきて「ちっち」と言ってズボンとオムツを脱ぎだした。しかし、もうおむつに排尿したあとだった。後日、今度はズボンを脱いで身体測定の順番を待っていたときに、急に自分でおむつを脱ぎ、歩いて部屋の隅に行って排尿をしてしまった。

読み取り

3つの視点 健やかに伸び伸びと育つ

✳ この場面での子どもの育ち

　おしっこをためることができ、排尿間隔が長くなってきた。自分でも「おしっこが出そう」という感覚がわかってきたようだ。言葉で「ちっち」と伝えてくれたことがうれしく、「伝えてくれて、ありがとう」と話すと、笑顔になった。トイレトレーニングの始まりといえる。

 今後の手立て

　Vちゃんの排尿の間隔をもう少し正確に把握し、排泄する前にトイレに連れていくようにする。ちょうど排泄ができたらうんとほめ、出なかったとしても「今度出るといいね」と話して意欲を育みたい。

3月

* 活発に体を動かしてあそぶことを楽しむ。
* 保育者の仲立ちにより、さまざまな人と関わることを楽しむ。
* 絵本を見て簡単な言葉をまねする。

チェックリスト✏️

☐ 子どもの甘えを十分に受け止め、情緒の安定を図る。

☐ できるようになったことなどを保護者に伝え、成長を喜び合う。

☐ 着脱には時間をかけ、自分で取り組むことができるようにする。

☐ トラブルでは、どちらの子の心も満たされるような解決へと導く。

☐ 友達と共有できる玩具や、同じ種類の玩具を複数用意する。

あそび

やりとり　おすわり〜

おでかけチョウチョウ

ねらい
＊ イメージを広げながら保育者とのふれあいを楽しむ。

Part 1 クラスづくり

3 月

\ あそび方 /

1 チョウチョウを作る

子どもと向かい合って座ります。保育者は両手を開き親指を重ねて「チョウチョウさんがおでかけ、ひらひら」などと言いながら動かします。

2 頭にとまる

子どもの頭にチョウチョウをとまらせ「〇〇ちゃんの頭にとーまった」と言います。

3 頭をくすぐる

「コーチョコチョ」両手で子どもの頭をくすぐります。

ひらひら〜

コ〜チョコチョ

ことばかけ

「あれあれ、チョウチョウさんがとんできたよ」

保育者の援助

子どもの顔近くで手を動かし、子どもが手の動きに注目できるようにしましょう。このあそびのあとに、お散歩に行き実際のチョウチョウを見ると楽しいです。

🐼 バリエーション

アオムシさんもきたよ

「アオムシさんがお散歩にきたよ」などと言いながら、保育者が人差し指を曲げ伸ばしして、子どもの腕を進みながらあそびましょう。

アオムシさんだ！

紙コップタワー

ねらい
* 倒したり重ねたりする動きの変化を楽しむ。

準備する物

紙コップ

＼ あそび方 ／

① 紙コップを積む

子どもと向かい合って座り、保育者が紙コップを積み上げます。

② 紙コップを倒す

積み上げた紙コップを子どもが倒します。

③ 紙コップを重ねる

倒して転がった紙コップを子どもが拾い、保育者の持っているコップに重ねます。

ことばかけ

「（積み上げながら）どんどん高くしていくよー」

保育者の援助

子どもが紙コップを倒したときには、「わあ、ガラガラ倒れちゃった」など子どもが楽しめるような声をかけましょう。

🐼 バリエーション

お山の紙コップ

机に紙コップを山の形に並べます。並べ終わったら机をドンドンたたいて、紙コップの山を崩しましょう。転がったコップは、子どもといっしょに拾いましょう。

トンネルくぐってシュッポッポ

\ あそび方 /

1 手を上げて出発

保育者が先頭に立ち、手を上げて出発の合図をして歩きます。

しゅっぱ～っ！

シュッ シュッ

2 トンネルをくぐる

保育者が2人でトンネルを作り、その下をくぐります。

シュッポッポ～

3 ブランコゆらゆら

保育者が子どもの脇の下を支えて、体を揺らします。

ブ～ラン
ブ～ラン

4 低いトンネルをくぐる

保育者がひざをついて低いトンネルを作り、子どもがバイバイしてくぐります。

バイバ～イ

ことばかけ

「シュッポッポー、トンネルをくぐってあそぼうね」

保育者の援助

汽車やトンネルなどの絵本を読んでからあそぶと、イメージが広がりあそびにいっそう興味がもてます。音楽をかけるとリズミカルな動きができます。

バリエーション

いろいろな動きを楽しむ

ブランコ以外にも、広げた足の下をくぐったり、座った足をのり越えたり、いろいろな動きを工夫しましょう。

よいしょ

みずたまヘビちゃん

\ あそび方 /

1 ヘビを持って あそぶ

色画用紙のヘビをニョロニョロくねらせてあそびます。

ニョロ
ニョロ〜

キャー！

こんにちは

2 シールを貼る

ヘビの体に、いろいろな色のシールをどんどん貼ります。

かわいい模様を
つけてあげようね
ぺったんこ

ことばかけ

「ヘビさんに、かわいい模様をいっぱいつけてあげようね」

保育者の援助

子どもたちが楽しくシール貼りができるように、保育者が「ぺったんこ！」とリズミカルに唱えましょう。

バリエーション

テンポよく貼る

「シールを1つぺったんこ、もう1つぺったんこ」と言いながら、テンポよくシールを貼りましょう。

ぺったんこ！

運動あそび **歩く～**

手つなぎジャンプ

ねらい

* 手足の力を鍛え、ジャンプの感覚を覚える。

あそび方

1 子どもと向かい合って両手をつなぎます。

2 保育者は少し腰をかがめ、「ジャーンプ!」と言いながら、子どもを持ち上げるようにして弾ませましょう。

必ず両手をつなぐこと。高くジャンプする必要はありません。

保育者はひざを曲げましょう。

🐰 あそびのポイント

持ち上げる力に強弱をつけると、ジャンプに高低差や変化が生まれて楽しいもの。リズミカルにあそびましょう。

Part
1

クラスづくり

3
月

運動あそび **歩く～**

マット坂をゴロゴロ

ねらい

* 全身を使ってあそび、回転する感覚を楽しむ。

準備する物

マット

あそび方

1 丸めたマットの上にもう1枚マットをのせて、なだらかな坂をつくりましょう。

2 子どもは寝そべった状態で、マットの上をゴロゴロと転がります。

子どもが落ちないように、近くで手を添えます。

保育者の援助 🐱

最初に保育者が転がって楽しさを伝えます。坂はこわくないことを教えましょう。こわがる子には一回転ずつ回転を止めるようにします。

にぎりぱっちり

1 にぎり

子どもをひざにのせて、
両手をグーに握る。

2 ぱっちり

両手をパーに開く。

3 たてよこ

両手を上から下におろし、
その後、左右にひろげる。

4 ひよこ
ピヨピヨピヨーッ

ヒヨコのように両手を
軽く縮め上下に振る。

♩=88　　　　　　　　　　　　　　　　　　　　　　わらべうた

に　ぎり　ぱっ　ちり　たて　よこ　ひよこ　ピヨ　ピヨ　ピヨーッ

おせんべ

1 おせんべ
やけたか

子どもは両手の
甲を上にして保育者
に差し出す。保育
者はリズムに合わせ
て手の甲を右、左と
つつく。

2 な

むしゃ
むしゃ

最後につついた手をとり「や
けた！　むしゃむしゃ…」などと
言って食べるしぐさをする。

あそびのポイント

「おせんべ」を「おさか
な」や「ホットケーキ」な
どに、アレンジしても。
子どもたちといっしょに
食べ物の種類を考えて
うたいましょう。

♩=90　　　　　　　　　　　　　　　　　　　　　　わらべうた

お　せ　ん　べ　や　け　た　か　な

草ぼうぼう

1 くさぼうぼう

子どもをひざにのせて、頭を
なでる。

2 ひろばを まわって

ひたいを指で軽くなでる。

3 いっぽんみち とおって

指で鼻を上から下へなで下
ろす。

4 いけのまわりを まわって

口元を指で軽くつついてか
ら、口のまわりを円をえがくよ
うになぞる。

5 がけのしたを こちょこちょ

あごの下をさわり、最後に軽
くくすぐる。

6 こちょ…こちょー

子どもの体を自由にくすぐり、
最後に抱きしめる。

絵本

おおきく なった！

小さなニンジンやカサ、おばけやケーキが次のページでは大きく描かれます。ものの大小の認識や、数の世界への足がかりになりそうな絵本。

読み聞かせポイント

「小さい・大きい」に興味をもつきっかけに。併せて、子ども自身が大きくなったことを伝えても。

作・絵／まつい のりこ
偕成社

たっちだいすき

赤ちゃんや動物たちがハイタッチをしようと手を挙げて待っています。絵本の動物とタッチしたあとは、保育者や親子でタッチしてあそべます。

読み聞かせポイント

あいさつ代わりにタッチ、喜びを分け合ってタッチ。実際に絵本にタッチしながら楽しんで読みましょう。

ぶん／聞かせ屋。けいたろう
え／ひろかわ さえこ
アリス館

くまさん

冬眠から目覚めて、春の野山へ出かけたくまさんは、寝ぼけて「ぼくは だれだっけ」と考えて…。まど・みちお氏の詩に絵を添えた、ほのぼのした作品。

読み聞かせポイント

詩がもっている穏やかな雰囲気を伝える意識で、急がずに、声を張らないように読むのがおすすめです。

詩／まど・みちお
絵／ましま せつこ
こぐま社

とりがいるよ

たくさんの鳥の中に赤色、青色、大きい鳥や小さい鳥、丸い鳥など、いろいろな鳥が登場。数や色、大きさに初めてふれる赤ちゃんにぴったりです。

読み聞かせポイント

ほかと違う鳥を見つけた子どもからの反応を受け止めながら読んで。絵を楽しむため、ゆったりと読むのが◎。

さく／風木 一人
え／たかしま てつを
KADOKAWA

こぐまちゃんとどうぶつえん

動物園に出かけたこぐまちゃんたち。長い足を広げて水を飲むキリンや、上手に鼻を使ってリンゴを食べるゾウなど、いろいろな動物を見ていきます。

読み聞かせポイント

動物の前にいるつもりで、語りかけるように読みましょう。最後の「たのしかったね」は、にっこり笑顔で。

作／わかやま けん
もり ひさし
わだ よしおみ
こぐま社

つんっ！

水に浮かぶアヒルのおもちゃ、ぐらぐらの積み木やシャボン玉を「つんっ！」とつつくと…。つついたあとの変化がおもしろく、まねたくなる一冊。

読み聞かせポイント

「つんっ！」とふれあいながら読むほか、読後には、重ねた積み木を置いて、あそびの導入にもおすすめです。

作／新井 洋行
ほるぷ出版

読み取ろう 子どもの 育ち

Wちゃん：1歳3か月

 3月のようす

絵本「もいもい」を4人でいっしょに読んだあと絵本棚に片づけたが、Wちゃんは絵本を持ってきてそばに座った。「もう1回読むの？」と聞くと、うんとうなずいた。ひざに座らせて「もいもい」というセリフを楽しめるように意識して読んでみると、「もい」という言葉を発し、とてもうれしそうにしていた。

読み取り

3つの視点
身近な人と気持ちが通じ合う

この場面での子どもの育ち

「もいもい」という言葉と絵が気に入ったようだ。言葉と絵のおもしろさに興味が膨らんでいる。保育者の「もいもい」と読むところを期待して、待っているときの顔、期待通り「もいもい」を聞くことができたときのほっとしたような、うれしいような表情がかわいらしい。

 今後の手立て

絵本はできるだけ1対1でひざのなかに抱いて、目線を同じにして読むようにしたい。ページをゆっくりとめくり、言葉の強弱・速さ・色・絵の大小を意識して読み進め、共感しながら楽しんでいくようにする。

Xくん：1歳11か月

 3月のようす

そばにいた子が持っている絵本を無理やり取ろうとしたので、「Xくん！」と声をかけると、怒った顔をしてさらに取り上げようとした。「Xくん、やめて！」と言うと、いじけるようにしゃがんだまま顔をあげない。「絵本、読みたかったの？」と話しかけると、顔をあげ「うん」とうなずいた。

読み取り

3つの視点
身近な人と気持ちが通じ合う

この場面での子どもの育ち

大人の言う言葉の意味を理解し、それに伴い友達に対する感情表現も豊かになってきた。「楽しい」「嫌」「嫌い」などと泣くのではなく、気持ちを表情や態度で表現するようになってきている。友達と関わろうという心も育っているが、相手の気持ちまではわからない時期だ。

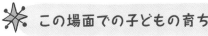 今後の手立て

怒っているからとか、友達の持っている物を取ろうとしたから「いけない」と叱るのではなく、その子は何が嫌だったかの気持ちを保育者が代弁し、子どもと子どもをつなぐ仲立ちとして関わりたいと思う。

\ 0歳児クラス /
年度末の保育のヒント

2〜3月の年度末の時期は、進級を念頭においた保育が必要です。子どもが自信をもって次のクラスに行くための、保育のヒントを見てみましょう。

1 子ども一人一人の成長を振り返り、次の担任へ引き継ぐ

子ども一人一人の保育記録をたどり、この1年間の成長を振り返りましょう。そのうえで、発達の状態や好きなこと、課題となっていることを次の担任に伝えられるよう書類を整えます。誰が読んでもわかる書き方にしましょう。

2 次のクラスへの期待感を高め、スムーズな移行を

「もうすぐみんなは〇〇クラスになるんだよ、楽しみね」と声をかけ、成長や進級に関する絵本を読むなどし、子どもの期待感を高めましょう。また、次に過ごす保育室へあそびに行ったり、玩具を借りたりするのも一案です。

3 担任でなくても安心！さまざまな大人とふれあう機会を

どの保育者が担当しても安定して生活を送れるように、特に進級の時期はさまざまな保育者とふれあってあそびます。その子の好きなことやクセをどの保育者も把握し、それぞれと信頼関係を結ぶことが大切です。

4 自分自身の保育を振り返り、ステップアップする

自分の保育を振り返ることで問題点を改善でき、保育力アップにつなげます。計画に沿って保育は進められたか、環境構成や保護者対応は適切だったか、自分の得意ジャンルを保育に生かせたかを見つめなおしてみましょう。

信頼関係が
大切ニャ!

Part ②

保護者対応

保護者と
信頼関係を
深めよう

連絡帳を
極めよう

言いかえ
フレーズ

保護者と信頼関係を深めよう

保護者とのコミュニケーションは、保育に欠かせないもの。保護者とよりよい信頼関係を築くためのヒントを見てみましょう。

保護者とのよいコミュニケーションがよりよい保育につながる

保育者の仕事は、子どもを保育するだけではなく、保護者の育児をサポートすることも含まれます。保育者も保護者も、それぞれが子どものよりよい成長を願い、その成長を共に喜び合える関係でありたいものです。

保護者と信頼関係を築くためにも、登・降園時の受け渡し時の会話、連絡帳のやりとりは大切です。よいコミュニケーションは、必ずよい保育につながります。子どものためにも、気持ちのよい保護者対応を心がけましょう。

毎日の登・降園時
手短な会話で関わって

今日もお願いします
おはようございます！

連絡帳で
具体的な成長記録を

今日は積み木であそんだんだね
うん！

園行事で
成長がわかる構成で

そうなんだ
たくさん絵の具で描いたんだよね

面談で
気持ちに寄り添って

最近のけんちゃんは…
家でも…

基本をおさえて

保護者も子どもも、保育者をよく見ています。保育者の基本をおさえておきましょう。

① いつも笑顔で

温かく、親しみのわく笑顔が◎。鏡を見ながら笑顔を練習し、普段から笑顔を意識して。口角を上げ、ニッコリと！

② ていねいな言葉づかい

保護者が年下の場合も、ていねいな言葉づかいを。敬語や謙譲語を正しく使いましょう。挨拶はいつでも自分から！

③ みんなに公平に

どの保護者にも平等に、同じような対応を心がけましょう。話しやすい人とばかり話すのはNGです。

＼ 0歳児の保護者対応 ／
大切にしたい5つのこと

0歳児の保護者対応で、気をつけたい5つのことを挙げました。自分の保育に生かせることはないかチェックしてみましょう。

親子を理解する

1 子どもの成長を共に喜んで

保護者の一番の願いは、わが子の健やかな成長です。それは保育者にとっても同じ。保育のプロとしてその子の成長を喜び、よりよい環境を整え、次にどう援助していけばよいのかを、共に考えられる関係を目指しましょう。

やったね!!

2 子ども理解で保護者理解を

保育のなかで「この子はこういうことが好きなんだ」「おうちでは○○なんだ」と、"子ども理解"を深めていることでしょう。子どもは親を映す鏡です。子どもを理解すればするほど、保護者のこと、その家庭のことも理解できるようになります。

3 保護者も育児1年目

0歳児クラスの保護者は第1子であれば育児が始まったばかり。「親であれば〜〜であるべき」といった先入観は捨て、保護者をサポートする気持ちで接しましょう。持ち物や園のシステムについても、わかりやすく伝えます。

まだまだビギナー！
ペタ

5 困ったときは一人で抱えない

保護者にもいろいろな人がいます。深刻な相談、感情的なクレームを受けたときは一人で抱えこまずに、必ず主任や園長に相談を。保護者が何に困っているのかを捉え、園として対応するようにしましょう。

4 憶測ではなく事実で話そう

ケガやケンカなど、マイナスイメージの事柄を保護者に伝える際は、あったことの事実を簡潔にまとめて伝えましょう。「〜〜だったかもしれない」「たぶん○○です」と憶測で話すと誤解を招くため、厳禁です。

理路整然
今日10時半ごろにお部屋でお友達とぶつかって頭部にたんこぶができましたのですぐに冷やしました。

園長先生、聞いてください
どうしたの

連絡帳を極めよう

連絡帳は、保護者とのコミュニケーションツール。その日のその子の情報を、臨場感をもって伝えましょう。

連絡帳は子どもの成長を共有・共感するためのツール！

　毎日の連絡帳は、その子どもの育ちやあったことを保護者と保育者が共有するためのものです。保育者として、プロの目線で子どもを肯定的に見つめることで、連絡帳の意義も深まります。

　連絡帳の書き方は家庭によってもさまざまです。園からの毎日の記述はていねいに、子どものようすがリアルに伝わるような書き方を心がけましょう。

保護者から見た連絡帳への思い

＊ 毎日の子どもの変化、成長に気づける！

＊ 園でどんなふうに過ごしたか知りたい

＊ 先生の子どもへの思いが伝わってくる

＊ 話しづらいことも文字なら書ける

＊ 他の子と同じような内容はガッカリ

連絡帳のオキテ

連絡帳は文字として記録が残り、何度も繰り返し読まれるものです。オキテを守り、保護者が読んで誤解を招かない表現を心がけましょう。

◎ ていねいな文字・文体

　書き文字にはよくも悪くも人柄が表れます。文字に自信がなくてもていねいに書き、柔らかい文体を心がけましょう。

字は苦手でもていねいに！

◎ 臨場感のある書き方

　その子の今日あったことを肯定的に捉え、わかりやすく臨場感をもって伝えましょう。セリフを交えるのもおすすめです。

かわいかったなぁ♥
ちょうちょ、ひらひら

◎ 直接話すべきことは話す

　ケガやケンカなどあまりうれしくない事柄は読み違えや誤解がないよう、連絡帳に書かず、直接口頭で伝えるようにしましょう。

実は…
そんなことが…

発達

保護者より

うちの子は、発達が遅いほうなのかしら?

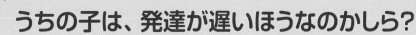

園の送迎時にほかのお母さんとお話しする機会が増えました。子育ての悩みを話したり、休みの日にいっしょにあそばせてもらったりするのですが、Bくんはめんよりも上手で「ママ」や「ちょうだい」などおしゃべりもします。うちの子は全然なので、成長が遅いのではないかと心配になります。何か練習のようなことをしたほうがよいのでしょうか?

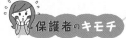

保護者の**キモチ**

園に入って、"ママ友"ができたことがうれしい気持ちをもっていることがわかります。

保護者の**キモチ**

自分の子どもと友達の成長具合を比べ、どうしても気になって園に相談しているようです。ストレートな気持ちを書いてくれています。

Part **2**

保護者対応

連絡帳を極めよう

発達には個人差がありますが、そのご不安もよくわかります

保育者からの返事

書き出しのコツ

園で集団生活をする利点、また保護者にとっても子育て仲間がいることのよさを最初に伝えます。その後、保護者の不安に寄り添い、Aくんの園でのようすを具体的に示します。

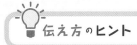
伝え方のヒント

成長の不安については連絡帳で終えず、必ず対話して保護者の不安に寄り添いましょう。「個人差」を容認できるような言葉かけを心がけ、園のようすも具体的に伝えます。

園は子どもにとってもお母さんにとっても仲間がたくさんできるところです。子育ての悩みを話せる友達の存在は心強いですよね。「うちの子は…」と比べてしまう親心、個人差では納得できない不安、よくわかります。ですが、Aくんは毎日少しずつ成長しています。今日もお散歩に行く前に帽子を頭にのせて準備OKと合図してくれました。詳しくは、降園時に直接お話しさせてください。

215

保護者より

なかなか卒乳できず、悩んでいます

保育者からの返事

園でも対応したいので、いっしょに考えていきましょう

もうすぐ1歳半なのでそろそろ卒乳をと思い、やってみましたが大泣きです。実家の母や友達にもアドバイスをもらい、あの手この手を試しましたがことごとく失敗してしまいました。このままずっと続きそうで不安です…。

毎日お疲れ様です。夜はゆっくり眠れていますか？今はお母さんの卒乳への思いがC子ちゃんに伝わり、おっぱいへの執着がいつも以上に強くなっているのかもしれません。お時間があるときに少しお話をさせてください。日中の生活リズムを見直して、程よい疲れの中で寝つけるよう、いっしょに考えていければと思います。

保護者のキモチ

母親の焦りや、実家の母や友達からのプレッシャーを感じています。また、子どもに向き合えなくなる不安も。

書き出しのコツ

母親の不安や焦りをしっかり受け止め、健康面への配慮を。園側もいっしょに考えていく姿勢を表し、顔を見て話ができるように働きかけましょう。

夜泣き

保護者より

夜泣きがひどく、疲れているけどパパは夜勤です…

保育者からの返事

あと少し！成長とともに治まっていきますよ

8か月頃から夜泣きが続き、困っています。夜勤が多いパパはあてにならず、私は一人でおんぶや抱っこをしています。昨日も夜中1時から2時半まで泣き続けました。肩も腰もパンパンで、たまにはゆっくり休みたいです…。

午前中、お散歩バギーで公園に行きました。遠くにイヌを見つけて「ワンワン、バイバイ」と言っていました。昨夜は大変でしたね。夜泣きは成長とともに治まっていくことが多いようです。今はお辛いと思いますが、もう少しです。もうすぐゆっくり眠れる日が来ると思いますよ。

保護者のキモチ

育児を一人でしているストレスを感じていることがわかります。精神面、体力面でとても疲れているかもしれません。

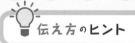

伝え方のヒント

ストレスや疲れから離れられるような、日中の子どものかわいらしい話題から入るのもおすすめ。睡眠不足で疲れている母親の健康面への配慮も加えましょう。

病気
保護者より

咳が止まらず心配。ほかの病気なのでは…

日中はそうでもないのですが、夜中に激しく咳き込み、起きてしまうことがあります。熱はないのですが、とにかく咳が止まらないので、そこからなかなか寝つけずにいることが多いです。病院から咳を止める薬をもらって飲んではいるのですが、なかなかよくなりません。もう2週間になるので、何かほかの病気かと心配になります。

保護者の **キモチ**

薬がなかなか効かず、ほかの病気かもしれないと不安が募っているよう。もやもやした気持ちを園に理解してほしいのかも。

保護者の **キモチ**

体調がよくならないことを心配しています。流行っている病気や、知っていることがあれば教えてほしいと思っているようです。

Part 2
保護者対応
連絡帳を極めよう

気になるようでしたら、再度、受診した方が安心かもしれません

保育者からの返事

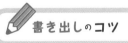
書き出しのコツ

まだ話せない年齢なので、保護者の不安はなおさらです。体調に関することは、どんなようすだったかを細かくていねいに伝え、どのような対応をしたかもわかるように書きます。

伝え方のヒント

咳から考えられる病気もありますが、特定の病名を避け、再受診を勧めます。降園時にも口頭でようすを伝え、保護者の不安に寄り添えるように話しましょう。

日中、咳のようすを注意して見ていました。熱もなく戸外あそびも元気にしていましたが、午睡に入ると咳が多いようでした。激しく咳き込んだときは、起こしてお茶を少量あげると落ち着いて寝ました。背中をさすってあげるのも効果があるようです。心配であれば、再度受診を考えてみてもよいかもしれません。咳が続くと体力が消耗されます。早くよくなるとよいですね。

離乳食

保護者より

野菜を嫌がって食べず…。
私が悪いの？

もうすぐ10か月になるので、離乳食も後期食に進めたほうがいいかなと思っています。ですが、野菜を嫌がり、口から出してしまいます。園では食べているとのことだったので、私のあげ方が悪いのでしょうか…。

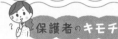
保護者の キモチ

思うように離乳食を進められない焦りやもどかしさを感じているよう。自分を責める気持ちもあります。

保育者からの返事

一度力を抜いて、
いっしょに考えていきましょう！

もう10か月、早いものですね。園でも友達とおもちゃをやりとりする姿を見て、成長を感じています。離乳食の件ですが、野菜嫌いはよくあることです。ママが焦ると余計に嫌がることもあるので、一度、肩の力を抜いてみましょう。時間をつくって、園の栄養士を交えていっしょに相談できればと思います。

書き出しのコツ

子どもの成長をともに喜び、いろいろな面で日々成長していることを伝えます。後半で相談できる専門職の存在を知らせ、いっしょに考えていくことを示しましょう。

離乳食

保護者より

夕食はバタバタしていますが、
じゃがいもをつぶしたのは
よく食べます

帰宅後、大人の食事とD子の離乳食をバタバタと作り、食べさせています。いつも同じようなメニューになるのですが、じゃがいものペーストはたくさん食べてくれるので助かっています。お休みの日に、新メニューに挑戦してみます。

保護者の キモチ

子育てと仕事の両立の大変さを嘆きつつも、素直に離乳食を食べてくれる子どもに「ありがとう」の気持ちも。

保育者からの返事

お母さん手作りの離乳食、
子どもにとっては何よりですよ！

お母さん手作りの温かい離乳食は、Dちゃんにとって何よりだと思いますよ。Dちゃんは幸せですね。確かに園でも、じゃがいもをとてもおいしそうに食べています。新メニューもきっと気に入ってくれるのではないでしょうか。また教えてくださいね。

伝え方のヒント

母親の気持ちを汲み、子どもにとっての幸せが一番であることを伝えます。前向きな母親の気持ちに、励ましとエールを込めつつ、次回報告を楽しみにするコメントを。

便秘のせいで不機嫌&食欲不振です…

保護者より

今日は起きたときから機嫌が悪く、食事も進みませんでした。何をしてもグズグズと泣いています。実は4日前あたりからウンチが出ていなくて、そのせいかなと思っています。これまで、1日おきくらいのことはあったのですが、4日間出ないことはありませんでした。私に似て便秘なのかしら…。今日は仕事を早退し、小児科に行きますので15時頃のお迎えです。

保護者の **キモチ**

子どもの不機嫌、食欲不振は便秘が原因であると考えています。便秘が習慣化しないよう願っているよう。

保護者の **キモチ**

子どもの体調を心配し、午後に小児科を受診予定。冷静に対応していますが、仕事を早退する大変さも感じています。

便秘になりやすい月齢でもあるので、園でも対応しますね

保育者からの返事

書き出しのコツ

便秘の辛さに共感し、保護者が安心するような言葉をかけます。食事内容の変化で、便秘しやすい月齢であることも伝えましょう。

伝え方のヒント

水分摂取やおなかのマッサージなど、園でできる範囲で行った配慮を具体的に書き、安心してもらいましょう。

Eくん、便秘なのですね。苦しいので、機嫌が悪くなるのもわかります。母乳やミルク、離乳食など食事内容が変わるため、便秘になりやすい月齢だと思います。小児科の先生でしたら、よいアドバイスをくださるでしょう。園でも水分を多く摂るように、いつもより多くお茶を飲んでいます。おむつ替えのときにも、おなかのマッサージをしてみました。効果があるとよいのですが…。また経過をお知らせください。

 成長

保護者より

言葉のやりとりが
できるようになってうれしい！

保育者からの返事

大人が話していることを
理解できるようになりましたね

周りから見ると赤ちゃんなのでしょうが、私の言うことがわかっているようです。「ごはん食べる？」と聞くと「うん」と返事しますし、「おいで」と声をかけると抱きついてきます。意思の疎通がずいぶんできるようになり、本当にうれしいです！

本当ですね、Eちゃんは大人の話すことをわかっていると感じます。園でもたくさん話しかけ、Eちゃんの言葉に耳を傾け、視線、表情にも注目しています。言葉にならなくても"あなたの思いはこちらに伝わっているんだよ"ということを感じてほしいですね。素敵な一瞬一瞬を、いっしょに楽しみながら子育てしていきましょう。

保護者のキモチ

まだまだ赤ちゃんと思っていた子どもと意思疎通ができるようになり、日々の細かなやりとりに感動しているようです。

 伝え方のヒント

成長をともに喜びながら、大人がどのように関わっていくとよいか、さりげなく伝えましょう。園での対応を知らせ、Eちゃんの言葉を増やすきっかけにします。

成長

保護者より

昨日、初めて歩きました！

保育者からの返事

うれしい第1歩、
おめでとうございます！
園でも楽しみです

夕飯の準備をしているときに、初めて3歩歩いたのです！　これまで一人で立つことはあっても、なかなか足が前に出なかったのでうれしいです！　パパに教えると「見たかった」と悔しがっていたので、今度は動画を撮影したいです。

うれしい第1歩、おめでとうございます！　その瞬間を目撃できたとは、幸せな時間でしたね。園でもときどき一人で立つ姿を見せてくれていたので、もうすぐ歩くのかなぁと思っていました。私も歩くFちゃんを早く見たいです。パパやママの笑顔を想像すると、私もうれしい気持ちになりました。お知らせありがとうございました。

保護者のキモチ

子どもの成長の一瞬に立ち会えた喜びに満ちています。園に報告できることもうれしそう。

 伝え方のヒント

うれしい報告には素直に共感し、喜びの気持ちを伝えるのが一番です。園での普段の姿を添えて、楽しみに待っている思いを書きましょう。

保護者より

好きな絵本を「読んで」と、せがむようになりました

お風呂の前に絵本を読み聞かせするのが日課に
なりつつあります。機嫌が悪かったり、忙しかったり
でできない日もありますが、なるべく時間をつくり、ふ
れあいたいなと思っています。最近、絵本を自分で
持ってきて「読んで」とせがんだり、絵本を見ながら
指差しをするようになりました。成長を感じ、うれしく
なってきます。今日も元気です、よろしくお願いします。

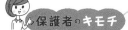 保護者の **キモチ**

毎日仕事と育児、家事の両立
で、時間的に子どもとふれあう時
間が少ないことを、申し訳なく思
っていることがわかります。

保護者の **キモチ**

忙しい日々の中で、ふとした瞬
間に感じる子どもの小さな成長を
喜び、保育者と共有したいと思っ
ています。

Part 2

保護者対応

連絡帳を極めよう

園でも絵本の時間が大好きで、身をのり出して見ています

保育者からの
返事

 書き出しの**コツ**

園での読み聞かせのようすや、そのと
きのエピソードをしっかりと伝え、絵本が
好きな気持ちに共感を示します。

Gちゃんは園でも絵本が大好きです。みんなで見てい
ても、よく身をのり出していますよ。保育者のひざの上で
見ているときは、自分でページをめくろうとしたり、イヌや
ネコの絵を見ながら、声を出したりしています。ていねい
に「ワンワン」「ニャンニャン」と伝えると、繰り返すように
言葉にしています。読み聞かせは成長を感じるとともに、
癒しの時間になりますね。無理のない程度にゆっくり続
けてくださいね。

 伝え方の**ヒント**

子どもが絵本を見ているときに、大人
はどんな反応をしたらよいかをさりげな
く書き、言葉の獲得につながることを伝
えます。

221

心配

保護者より

砂あそびがあまり好きじゃない
ようなのですが…

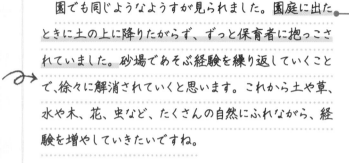

保育者からの返事

園でも同じようすですが、
徐々に慣れてくると思います

日曜日、久しぶりに公園に行きました。抱っこで砂場に連れていき、降ろすと泣きそうな顔で抱っこをせがんできました。手に砂がつくとすぐに嫌そうにはらっていました。砂あそびが好きではないのでしょうか…。

 保護者の**キモチ**

楽しむと予想していたのに異なる姿を見て驚いたよう。どうしたら好きになるのかアドバイスを求めています。

園でも同じようなようすが見られました。園庭に出たときに土の上に降りたがらず、ずっと保育者に抱っこされていました。砂場であそぶ経験を繰り返していくことで、徐々に解消されていくと思います。これから土や草、水や木、花、虫など、たくさんの自然にふれながら、経験を増やしていきたいですね。

 伝え方の**ヒント**

普段の園でのようすを正直に、細かく伝えます。「次こそは」や「来月には」など、時期を断言しないように注意しましょう。

体調

保護者より

昨日熱がありましたが
今日は平熱です。
ようすを見てください

保育者からの返事

熱が下がってよかったです。
お迎え、ありがとうございました

昨日、発熱の知らせを受けてお迎えに行ったあと、元気だったので自宅でようすを見ていました。ごはんも普通に食べています。寝る頃になってまた熱が高くなりましたが、今朝は平熱でしたので登園させます。ようすを見てください。

 保護者の**キモチ**

朝は平熱だったが、日中はまた熱が上がってしまうかもしれない…という不安を抱えていることがわかります。

昨日は早々にお迎えに来ていただいてありがとうございました。高熱でしたので心配しましたが、平熱に下がり、安心しました。今日は、お部屋で風船あそびをしました。熱もなく給食も全部食べました。回復に向かっているようですが、園でももう少しようすを見ながら過ごしていこうと思います。

 書き出しの**コツ**

早く迎えに来てくれたこと、帰宅後のようすを知らせてくれたことに感謝を伝えます。ただし「24時間以内に熱を出したら欠席」など、ルールがある場合はしっかりと伝える必要もあります。

クレーム

ほかのお友達の汚れ物が入っていました

保護者より

帰宅後、洗濯物を出してみたらお友達（〇〇くん）の靴下が入っていました。ロッカーが隣なので間違えたのかもしれませんね。洗ってお返ししておきますので、確認をお願いします。昨日、お兄ちゃんとおもちゃの取り合いをして、顔に傷をつくってしまいました。でもケンカをしたかと思ったら急に仲よくなって…。兄弟って不思議ですね。

保護者の キモチ

自分の子どものものではない汚れものが入っていて、少し不快な気持ちを感じているよう。保育者へ注意を促しています。

保護者の キモチ

誰でも間違いはあることに理解を示し、子どもの家庭でのようすを伝えて、クレーム調を和らげようという気持ちも。

靴下の件、申し訳ありませんでした。 お洗濯ありがとうございます

保育者からの返事

書き出しのコツ

汚れ物を入れ間違えたことを素直に認め、謝罪をします。そして忙しい中、洗濯をしてくれたことに感謝の気持ちをしっかりと伝えましょう。

伝え方のヒント

クレーム調を和らげたいという保護者の意図を汲み、家庭での兄弟のエピソードにもコメントを。園でのようすも書き添えて共感します。

〇〇くんの靴下は保育者が入れ間違いをしたようです。気をつけてはいるのですが、申し訳ありませんでした。お洗濯までしていただき感謝します。今後ないように気をつけていきますが、また何か気づいたことがありましたらお知らせください。そして、Gくんの顔の傷はそういうことだったのですね。園内でもお兄ちゃんを見つけると、とびきりの笑顔で手を振っています。ケンカするほど仲がよいとはこのことですね。

園からの連絡 持ち物のお願い

下着がないので、補充をお願いします

今日は天気がよかったので、園庭であそびました。水たまりを見つけては足で踏みつけ、音と水の動きを楽しんでいました。めちゃこち泥んこになり、シャワーを浴びてさっぱりしたときのHくんの気持ちよさそうな顔、とてもかわいかったです。引き出しに入っていた下着を今日使ってしまいましたので補充をお願いします。下着やら洋服やら靴下やら、いつもたくさんのお洗濯、本当にありがとうございます。ママのおかげでHくんはいつも元気いっぱいあそべています。

書き出しのコツ

子どもの今日の活動、あそびのようすを伝え、自然に着替えの話につなげられるようにします。

💡 **伝え方のヒント**

大量の洗濯物の大変さに寄り添うことを忘れず、一方的なお願いにならないよう配慮を。着替えがあると安心して思いきりあそべることも伝えます。

その後のフォロー

保護者が下着を追加してくれたことに気づいたら、すぐにお礼を伝えましょう。感謝の一言が、よい関係を築きます。

園からの連絡 衛生面のお願い

爪がとがっているので、定期的に切ってください

今日は初めてすべり台に挑戦しました。階段を一段ずつ慎重に上り、足をゆっくりと前に出して座り直し、あっという間に滑り降りていました。びっくりしたような表情を見せましたが、また階段上りを始めていました。初・すべり台、楽しかったようです。

爪の角がとがっているようです。お友達との接触で傷になってしまうこともあるので、定期的に切っていただけますでしょうか。やすりで削ってあげてもよいと思います。よろしくお願いします。

書き出しのコツ

お願いごとだけではなく、子どもの今日のようすや、新しくできるようになったことなどを具体的に書きます。

💡 **伝え方のヒント**

爪を切ることのお願いは、端的に伝えましょう。柔らかい爪を切るのは大変なので、やすりをかけるなどの提案をしても。

その後のフォロー

保護者と出会ったときに、爪について「切っていただいたんですね、ありがとうございます」と伝えましょう。

友達に押されて転び、おでこをぶつけました

ハンカチあそびが気に入って、頭に巻いたりカバンにしたりして楽しそうにあそんでいました。その中でお友達に押される形になり、転んでしまったのですが、床におでこをぶつけてしまいました。申し訳ありません。ぶつけたところをよく冷やし、その後のようすを見ていましたが、いつものようにごはんを食べ機嫌よく過ごしていました。もしお家で何かありましたら、お知らせください。

書き出しのコツ

ケガの経緯をしっかりと書きます。連絡帳だけでは上手く伝わらず、誤解を招く場合もあるので、お迎えのときに保護者に口頭でも伝えるのがベストです。

伝え方のヒント

園ではケガに対して具体的にどのような処置をしたのか、また、そのあとの子どものようすを詳しく書き、家庭でもようすを見てもらえるよう、お願いします。

その後のフォロー

保育者同士で連携し、保護者に会った保育者がその後のケガのようすを聞くなど、継続したフォローを心がけましょう。

食材の手配が必要なため、お返事をお願いします

今日の給食は大好きなマッシュポテトでした。お皿を見るやいなや指差しですぐにも食べたいとアピールしていました。ニンジンのスティックを指でつまんで食べ、意欲的な姿も見せてくれました。食べているときの1くんの表情はとても幸せそうですね。先週、「給食試食会のご案内」のお手紙をお渡ししているかと思いますが、まだお返事をいただいていないようです。お忙しいところ恐れ入りますが、食材手配の都合がありますので、明日までに必ずお返事をお願いします。

書き出しのコツ

提出物に関連する、子どものようすやエピソードを書き、自然と提出物の存在を思い出してもらえるよう促します。

伝え方のヒント

締切を守ってもらえなければ、食材の手配ができないなど、締切日を設定した理由を改めて知らせ、理解を求めるようお願いをします。

その後のフォロー

忘れがちな保護者には、提出締切の前日にふせんで伝えたり、口頭で話題にするなど配慮をするとよいでしょう。

マイナス表現 ➡ プラス表現に！
ポジティブ 言いかえフレーズ

特に子どもに関する表現に、マイナス印象の言葉はNG。ポジティブに捉えられる言葉で言いかえ、うまく伝えましょう。

✗（マイナス表現）	◯（プラス表現）	ポイント
○○ができない	➡ ○○が苦手	「できる・できない」という視点で子どもを見守るのはよくありません。できないことも「〜が苦手なよう」と捉えると前向きに。
一人で過ごすことが多い	➡ 一人の時間を過ごすのが上手 自分の世界をつくるのが上手	特に乳児期は一人であそび込む力が養われる時期。保護者は友達との関係を気にしがちですが、その集中力に注目しましょう。
ケンカが多い	➡ 自己主張ができる	暴力はいけませんが、ケンカが多いということは自分の意見があり、それを相手に訴える力がある、とも言えます。
落ちつきがない	➡ 行動的・好奇心旺盛	ほかのことに気が散ってしまうのは、好奇心が旺盛な証拠。いろいろな物に興味をもつ一面をよい方向に育てたいですね。
飽きっぽい	➡ 切り替えが早い 好奇心旺盛	飽きっぽい子は、逆に言えばいろいろなことに興味をもちやすいということ。さまざまな経験を積み重ねる力が養われます。
いい加減・雑	➡ おおらか	行動が雑な子は、杓子定規ではない、自然体で小さなことに捉われないよさがあります。その面も見つめてみましょう。
泣き虫	➡ 素直に感情を表せる	集団生活のなかで、自分の感情を表せることは、園が緊張のいらない、素直に感情を表せる場になっていると言えます。
行動が遅い	➡ マイペース	人に左右されず、自分の気持ちをもっている強い子ということ。その子なりの歩み方を認め、見守っていきましょう。
乱暴	➡ 元気があり、力が余っている エネルギッシュ	物を壊したり、相手にケガをさせたりがないように見守りながら、その元気をよい方向に伸ばせるよう援助を考えましょう。
わがまま	➡ はっきりしている 自己主張ができる	先々のことを見通して考える力があり、自分の思いをはっきりと主張することもできます。この能力を違う形で発揮できるような配慮を。
こだわりが強い	➡ 意志が強い	こだわりの強さは、意志の強さでもあり頼もしい一面でもあります。自我の芽生えにおおらかに向き合いましょう。

しっかり
押さえよう！

Part ③

指導計画

年間指導
計画

個人案

事故防止
チェック
リスト

0歳児の

年間指導計画

おさえたい **3** つのポイント

生後6週間の赤ちゃんから、集団の場での保育を受け入れます。家庭と同じような雰囲気を大切に、愛情たっぷりの関わりが伝わるような書き方を目指します。

1 特定の保育者との絆を基盤に

愛着関係を築いた保育者との関わりを軸とし、様々な環境に出会い、触れ、感じ、子どもは自分の世界を広げます。不安になった際には、いつも保育者の下に戻れる安心感があるからこそ、子どもは一歩を踏み出せるのです。その絆を認識し、援助の書き方を考えます。

2 全身運動の保障と安全な環境を

はいはい、つかまり立ち、一人歩きと、子どもは運動能力をどんどん発達させていきます。存分に運動できる場と、危険がないことが求められます。温かい笑顔で運動する姿を認め、できるようになったことを共に喜びながら、発達に必要な運動への促しを記します。

3 授乳から離乳食へ個別の対応

自分から食べようとする意欲を大切にしながら、手づかみ食べを認め、徐々にスプーンやフォークが使えるように導きます。また、丸のみしないよう、かむこともしっかりと伝えなくてはなりません。一人一人のペースに合わせて、楽しい食事を計画的に進めます。

		1期（4〜6月）	2期（7〜9月）
	子どもの姿	●授乳のリズムが徐々に安定する。 ●目の前で動くものを目で追ったり、握ったり振ったりして遊ぶ。 ●短い眠りをくり返し、徐々に睡眠のリズムが安定してくる。	●「いないいないばぁー」とくり返し楽しむ。 ●はいはいやお座りの姿勢で遊ぶ。 ●生理的欲求と、不快の感情を伝える泣き方に、違いが見られる。
	◆ねらい	●家庭での生活と園での生活が常に連携され、無理なく園生活に慣れる。	●梅雨期、夏期を気持ちよく過ごす。 ●沐浴や水遊びを楽しむ。
内容	健やかに伸び伸びと育つ	●安心して園で生活する。 ●個々に応じた時間に授乳を行い、満足できるまでミルクを飲む。 ●立位で抱かれたり、腹ばいになったりと様々な体位を経験する。 ●抱っこで安心して眠る。	●必要に応じて沐浴やシャワーを行ったり、水給をしたりする。 ●優しく声をかけられながら、オムツをこまめに替えてもらう。 ●月齢・活動量でミルクを増減してもらう。 ●立位で抱かれたり、腹ばいで体位を変えられすることを楽しむ。
	身近な人と気持ちが通じ合う	●保育者の丁寧で愛のある関わりの中で、情緒が安定する。 ●あやしたり、語りかけたりすると、大人の顔をじっと見つめる。 ●泣くことで自分の欲求を表現する。	●信頼できる保育者との触れ合いの中で満足し活する。
	身近なものと関わり感性が育つ	●上下左右に動く物を追視する。	●玩具を見ると、手を伸ばしたり、持ちかえたろうとしたりする。
環境構成		●室内外の温度・湿度・換気に留意し、過ごしやすい環境をつくる。 ●授乳コーナー、睡眠コーナーなど安心して生活できる環境をつくる。	●発達を促しながら遊びを楽しめるスペースや睡眠のスペースなど、子どもの生活や、やことが保障できる安全な環境をつくる。
保育者の援助		●一人一人の生活リズムに合わせて、優しく語りかけながら、授乳、オムツ交換を行い、気持ちよく生活に慣れるようにする。 ●同じ保育者が継続的に関わる。	●沐浴やシャワーをする際は、温度計での確認ではなく、必ず大人も体感し、事故を防ぐ。 ●音の出る玩具を利用し、腹ばいや寝返りの運能の発達を促す。

保育者の援助

「ねらい」を達成するために「内容」を経験させる際、どのような援助を行ったらよいのかを考えて記載します。

年間目標

園の方針を基に、一年間を通して、子どもの成長と発達を見通した全体的な目標を記載します。

子どもの姿

1〜4期に分けて、予想される子どもの発達の状況や、園で表れると思う姿を書きます。保育者が設定した環境の中での活動も予測します。

♣ 年間目標

● 保健的で安全な環境の下で、疾病や体の異常を早期に発見してもらう。
● 愛情豊かな保育者の受容により、信頼関係の基礎を培う。
● 生活リズムを安定させ、生理的欲求を満たして生命の保持と情緒の安定を図る。

	3期（10〜12月）	4期（1〜3月）
	● 身近な大人に自ら近づき、関わりを求める。 ● はいはいで移動する。 ● 後追いや、人見知りが始まり、見慣れない大人を見ると泣く。	● 食べることを喜び、自分から手を出して食べるようになる。 ● つかまり立ち、つたい歩きをする。 ● 指差しをしたり、意味のある言葉を発したりする。
	● 気候や体調に留意しながら薄着で過ごす。 ● 体を動かして遊ぶことを楽しむ。	● 冬の自然に親しみ、丈夫な体をつくる。 ● 言葉を発することを楽しむ。
	● 薄着で過ごす。 ● オムツをこまめに取り替えてもらい、心地よさを感じる。 ● コップやフォークなどの食具に慣れると共に、自分で食べようとする意欲をもつ。 ● 体を使って自分で移動することや、体位により見える視界の違いを楽しむ。 ● 戸外へ散歩に行くことを喜ぶ。	● 室内外の温度・湿度・換気、また体調に留意してもらい、心地よく生活する。 ● 上下の唇を使って食べ物を取り込んで食べる。 ● 食具の持ち方を知る。
	● 喃語を発することを楽しむ。	● 保育者の愛情豊かな受容と関わりの中で、触れ合い遊びや、言葉を発することを楽しむ。 ● 絵本を読んでもらうことを喜び、指差しをしたり喃語を発したりする。
	● 好きな玩具を見付け、音を鳴らしたり、動かしたりして遊ぶことを楽しむ。	● 自分の能力に応じて、体を動かして遊んだり、探索活動を楽しんだりする。 ● つまんだり、引っ張ったり、握ったり、指先を使って遊ぶことを楽しむ。
	● 思いきり体を動かして遊べるよう、安全で活動しやすい環境をつくる。 ● 自分の好きな遊びを見付けられるよう、玩具を整える。	● シートを敷き、その上に雪や氷を準備し、冬の自然に親しめるようにする。 ● 手触りが楽しめる絵本や、子どもの好きな手遊びを準備する。
	● 人見知り、甘え、不安など、抱っこやスキンシップを通して十分に受け止め、安心できるようにする。 ● 前方に玩具を置き、はいはいの運動機能を促す。	● 探索活動を十分に味わえるように見守ったり、発達に応じた関わりを行ったりして、運動機能の発達を促す。 ● 子どもの思いを言葉にして発語を促し、話すことが楽しくなるようにする。

ねらい

「年間目標」を期ごとに具体化したものです。育みたい資質・能力を乳児の生活する姿からとらえます。園生活を通じ、様々な体験を積み重ねるなかで相互に関連をもちながら、次第に達成に向かいます。

内容

「ねらい」を達成するために「経験させたいこと」です。「健やかに伸び伸びと育つ」「身近な人と気持ちが通じ合う」「身近なものと関わり感性が育つ」の3つの視点から挙げます。

環境構成

「ねらい」を達成するために「内容」を経験させる際、どのような環境を構成したらよいのかを考えて記載します。

Part
3
指導計画

年間指導計画
の見方

229

年間指導計画

keikaku　P230-231

		1期（4〜6月）	2期 （7〜9月）
子どもの姿		●授乳のリズムが徐々に安定する。 ●目の前で動くものを目で追ったり、握ったり振ったりして遊ぶ。 ●短い眠りをくり返し、徐々に睡眠のリズムが安定してくる。	●「いないいないばぁー」とくり返し楽しむ。 ●はいはいやお座りの姿勢で遊ぶ。 ●生理的欲求と、不快の感情を伝える泣き方などに、違いが見られる。
◆ねらい		●家庭での生活と園での生活が常に連携され、無理なく園生活に慣れる。	●梅雨期、夏期を気持ちよく過ごす。 ●沐浴や水遊びを楽しむ。
★内容	健やかに伸び伸びと育つ	●安心して園で生活する。 ●個々に応じた時間に授乳を行い、満足できるまでミルクを飲む。 ●立位で抱かれたり、腹ばいになったりと様々な体位を経験する。 ●抱っこで安心して眠る。	●必要に応じて沐浴やシャワーを行ったり、水分補給をしたりする。 ●優しく声をかけられながら、オムツをこまめに取り替えてもらう。 ●月齢・活動量でミルクを増減してもらう。 ●立位で抱かれたり、腹ばいで体位を変えられたりすることを楽しむ。
	身近な人と気持ちが通じ合う	●保育者の丁寧で愛のある関わりの中で、情緒が安定する。 ●あやしたり、語りかけたりすると、大人の顔をじっと見つめる。 ●泣くことで自分の欲求を表現する。	●信頼できる保育者との触れ合いの中で満足して生活する。
	身近なものと関わり感性が育つ	●上下左右に動く物を追視する。	●玩具を見ると、手を伸ばしたり、持ちかえたり、握ろうとしたりする。
環境構成		●室内外の温度・湿度・換気に留意し、過ごしやすい環境をつくる。 ●授乳コーナー、睡眠コーナーなど安心して生活できる環境をつくる。	●発達を促しながら遊びを楽しめるスペース、食事や睡眠のスペースなど、子どもの生活や、やりたいことが保障できる安全な環境をつくる。
保育者の援助		●一人一人の生活リズムに合わせて、優しく語りかけながら、授乳、オムツ交換を行い、気持ちよく生活に慣れるようにする。 ●同じ保育者が継続的に関わる。	●沐浴やシャワーをする際は、温度計での確認だけではなく、必ず大人も体感し、事故を防ぐ。 ●音の出る玩具を利用し、腹ばいや寝返りの運動機能の発達を促す。

- 保健的で安全な環境の下で、疾病や体の異常を早期に発見してもらう。
- 愛情豊かな保育者の受容により、信頼関係の基礎を培う。
- 生活リズムを安定させ、生理的欲求を満たして生命の保持と情緒の安定を図る。

3期（10～12月）	4期（1～3月）
● 身近な大人に自ら近づき、関わりを求める。 ● はいはいで移動する。 ● 後追いや、人見知りが始まり、見慣れない大人を見ると泣く。	● 食べることを喜び、自分から手を出して食べるようになる。 ● つかまり立ち、つたい歩きをする。 ● 指差しをしたり、意味のある言葉を発したりする。
● 気候や体調に留意しながら薄着で過ごす。 ● 体を動かして遊ぶことを楽しむ。	● 冬の自然に親しみ、丈夫な体をつくる。 ● 言葉を発することを楽しむ。
● 薄着で過ごす。 ● オムツをこまめに取り替えてもらい、心地よさを感じる。 ● コップやフォークなどの食具に慣れると共に、自分で食べようとする意欲をもつ。 ● 体を使って自分で移動することや、体位により見える視界の違いを楽しむ。 ● 戸外へ散歩に行くことを喜ぶ。	● 室内外の温度・湿度・換気、また体調に留意してもらい、心地よく生活する。 ● 上下の唇を使って食べ物を取り込んで食べる。 ● 食具の持ち方を知る。
● 喃語を発することを楽しむ。	● 保育者の愛情豊かな受容と関わりの中で、触れ合い遊びや、言葉を発することを楽しむ。 ● 絵本を読んでもらうことを喜び、指差しをしたり喃語を発したりする。
● 好きな玩具を見付け、音を鳴らしたり、動かしたりして遊ぶことを楽しむ。	● 自分の能力に応じて、体を動かして遊んだり、探索活動を楽しんだりする。 ● つまんだり、引っ張ったり、握ったり、指先を使って遊ぶことを楽しむ。
● 思いきり体を動かして遊べるよう、安全で活動しやすい環境をつくる。 ● 自分の好きな遊びを見付けられるよう、玩具を整える。	● シートを敷き、その上に雪や氷を準備し、冬の自然に親しめるようにする。 ● 手触りが楽しめる絵本や、子どもの好きな手遊びを準備する。
● 人見知り、甘え、不安など、抱っこやスキンシップを通して十分に受け止め、安心できるようにする。 ● 前方に玩具を置き、はいはいの運動機能を促す。	● 探索活動を十分に味わえるように見守ったり、発達に応じた関わりを行ったりして、運動機能の発達を促す。 ● 子どもの思いを言葉にして発語を促し、話すことが楽しくなるようにする。

年間指導計画 高月齢児

keikaku　P232-233

		1期（4〜6月）	2期 （7〜9月）
子どもの姿		●人見知りや後追いをする一方で、見慣れた人を見るとはいはいをして積極的に関わりをもとうとする。 ●はいはい、つかまり立ち、つたい歩きをする。	●様々な方法で盛んに移動運動をし、探索活動が増える。 ●戸外に出ることを喜び、水、砂、土などの自然物に興味を示す。
◆ねらい		●家庭での生活と園での生活が常に連携され、無理なく園生活に慣れる。	●梅雨期、夏期を気持ちよく過ごす。 ●沐浴や水遊びを楽しむ。
★内容	**健やかに伸び伸びと育つ**	●生活リズムを安定させ、無理なく園生活を過ごす。 ●体調や機嫌の状態に留意され、生活のリズムを整える。	●必要に応じて沐浴やシャワーを行ったり、水分補給をしたりする。 ●食事の前後は、顔や手をふいてもらったり衣服を着脱したりし、きれいになった心地よさを感じる。 ●「もぐもぐごっくん」をしながらおいしく食事をする。
	身近な人と気持ちが通じ合う	●保育者の丁寧な愛のある関わりの中で、情緒が安定する。 ●保育者と触れ合い遊びを楽しむ。 ●喃語を発することを楽しむ。	●自分以外の友達の存在に気付く。
	身近なものと関わり感性が育つ	●戸外散歩を喜び、春の自然を見たり、触れたりする。 ●好きな玩具の音を鳴らしたり動かしたりして、遊ぶことを楽しむ。	●様々な運動機能を使って遊べる環境の下、自分の能力を使った移動運動など、体を動かして遊ぶ。 ●指先を使って遊ぶことを楽しむ。 ●歌や手遊びを喜び、まねをする。
環境構成		●指先の発達を促し、感触を楽しめるような手づくり玩具を準備する。 ●食品調査票を定期的に家庭に渡し、連絡を取り合い、離乳の進め方を園と家庭で一貫した取り組みにする。	●思いきり体を動かして安全に遊べるような保育室の環境を整える。 ●子どもの生活ややりたいことが保障できる安全な環境をつくる。 ●こぼれてもよい食事環境を整える。
保育者の援助		●個々の生活リズムに応じて接し、気持ちよく生活できるようにする。 ●朝は同じ保育者が受け入れ、担任に慣れることで次第に他の保育者にも慣れるようにする。	●沐浴やシャワーの湯の温度は、必ず大人も体感し事故の防止に努める。 ●個々の子どもがどんな玩具に興味をもっているかを把握し、一緒に遊ぶことで信頼関係を深める。

●生活リズムを安定させ、生理的・依存的な欲求を満たされ、生命の保持、生活・情緒の安定を図る。
●無理のないよう、様々な食品に慣れ、離乳を完了する。
●優しく語りかけられ、発声や喃語に応答されて発語の意欲をもつ。

3期（10〜12月）	4期（1〜3月）
●一人歩きが安定する。 ●一語文を話し、言葉を発することを楽しむ。 ●友達への興味が芽生え、顔や体に触れたり、玩具の取り合いをしたりする。	●歌や音楽に合わせて体を動かし、遊ぶ。 ●保育者の仲立ちにより、友達と一緒に遊ぶことを喜ぶ。 ●歩行が安定し、探索の範囲が広がる。
●天候や体調に留意し、薄着で過ごす。 ●散歩や戸外遊びで体を動かす。	●冬の自然に親しみ、丈夫な体をつくる。 ●様々な生活場面で、自分で何でもしようとする。
●室内外の温度、湿度に配慮され薄着で過ごすことで健康増進を図る。 ●オムツはこまめに取り替えてもらい、心地よさを感じる。 ●保育者が「もぐもぐね」と口を動かす姿を見て、そしゃくすることを覚える。 ●全身運動を楽しむ。	●室内外の温度・湿度・換気、また体調に留意され、心地よく生活する。 ●優しく援助されながら便器での排泄に慣れる。 ●一人で食べられるという喜びを感じ、楽しく食事をする。 ●食具の持ち方を優しく知らされる。 ●オムツが汚れたのを感じて知らせる。
●身近な人とほほえみを交わすことを楽しむ。	●保育者の仲介により、友達と関わって遊ぶことを楽しむ。 ●自分から言葉を発することを楽しむ。
●保育者に見守られながら好きな遊びを見付け、一人遊びを楽しむ。 ●簡単な言葉の意味が分かり、言葉を発したり絵本や紙芝居を読んでもらったりすることを楽しむ。	●上り下り、跳ぶ、押す、引っ張るなどの運動を取り入れた遊びを楽しむ。
●子どもが乳母車から降りて安全に遊べるような散歩コースを調べておく。また、保育者が子どもの姿に背を向けないように分散して立つ。	●シートの上に雪や氷を置き、冬の自然に親しめるような環境をつくる。 ●個々の発達や発育状況に応じ、子どもが興味をもてるような環境をつくる。
●友達への関心の高まりから、悪気がなくてもひっかき、かみつきにつながってしまうこともある。友達との間を仲介しながら目を離さず、子どもの姿を見守る。	●戸外で遊ぶ機会が減るので、十分に体を動かせる広い場所で、遊べるようにする。 ●個々の排尿の間隔を把握し、無理強いはせず、トイレに誘う。

0歳児の

個人案

おさえたい 3 つのポイント

個人案は、クラス全体の指導案では対応できない部分を補うものです。個人差に考慮し、その子の癖や傾向なども盛り込み、きめの細かい計画を立てます。

1 一人一人の課題をとらえる

月齢によっても個人によっても、その子に経験させたいことや育ちへの願いは違います。特に、何に気を付けてその子に関わるのかを明確にし、職員間で共通理解しなければなりません。その子の独特のサインや癖なども詳しく記入し、個に応じた適切な援助を目指します。

2 愛されていると感じる

温かい愛情を感じて抱かれ、優しい声や言葉を聞いて、子どもは「この世の中はいいところだ」と感じていきます。保育者と目を合わせ、微笑みを交わすようになったら、更に嬉しいでしょう。愛されていることを十分に感じながら、必要な経験を重ねられるようにします。

3 飲みっぷり、食べっぷり

しっかり飲むこと食べることができれば、体は健康に育っているということです。睡眠のリズムが整わず食欲がなかったり、母乳でない味を嫌がったり、うまく栄養をとれない場合は心配です。家庭と連携を図り、食を確保するためにどうするかを考えることが大切です。

	😊 Aちゃん 4か月（女児）	😊 Bちゃん 6か月（男児）
今月初めの子どもの姿	●授乳間隔が3〜4時間あり、母乳を飲んでいる。 ●視覚や聴覚が発達しており、音のするほうを見たり、保育者の顔をじっと見つめたりする。	●だいたい決まった時間に2回寝をしているが、時間は短い。 ●離乳初期食を嫌がらずに食べている。 ●ミルクを哺乳瓶で喜んで飲む。家庭では母乳〔を飲〕んでいる。
◆ ねらい	●保育者との信頼関係を深め、哺乳瓶やミルクの味に慣れる。	●生活リズムを安定させ、安心して生活する。 ●安心してミルクを飲み、離乳食を食べる。
✱ 内容	●保育者との信頼関係を深め、ミルクの味や哺乳瓶の乳首に慣れる。〔健〕〔人〕	●安心して眠る。〔健〕 ●落ち着いた雰囲気の中、信頼できる保育者に抱〔か〕され、安心してミルクを飲む。〔健〕〔人〕
保育者の援助	●母親に冷凍母乳を準備してもらうようにお願いする。 ●午睡後の機嫌のよいときに哺乳瓶に冷凍母乳を移し、少しずつ飲めるようにする。 ●本児の授乳の様子に応じて、保育時間を延ばす。	●生活リズムを把握し、家庭と連続性のある生活〔が送〕れるようにする。 ●離乳食や哺乳量は家庭と連携を図り、本児の中の様子や体調に合わせて無理なく進める。 ●目覚めたときは十分なスキンシップと優しい語〔りか〕けを行い、安心して過ごせるようにする。
評価・反省	●日中、母親が園に来て授乳を行うなど、保護者と連携を図りながら進めることができた。来月も機嫌のよいときを見計らい少しずつ飲めるようにしていきたい。	●少しずつ生活リズムも安定してきている。人見〔知り〕が少しずつ出始めてきているので、スキンシッ〔プと〕優しい言葉を十分にかけ、心の安定を図りたい〔。〕

評価・反省

保育者が自分の保育を振り返り、その子が「ねらい」にどこまで到達できたか、これからどのように対応すべきかを書き、来月の個人案に生かします。

立案のポイント

Aちゃん
母親に授乳してもらったり、冷凍母乳を用意したり、連携していくことが要となります。

Bちゃん
離乳食が始まったので、Bちゃんの様子や体調に合わせ、進めていくようにします。

Cちゃん
受け入れる際に泣くことが多いので、安心できるような関わりと、気に入った玩具を用意します。

Dちゃん
安心して過ごせることを第一に考え、スキンシップを多くして関わるようにします。

前月末（今月初め）の子どもの姿

前月末の、その子の育ちの姿をとらえます。具体的にどのような場面でその育ちが感じられたのか、発達段階のどこにいるのかを記します。
※4月は「今月初めの子どもの姿」となります。

Cちゃん 8か月（女児）	Dちゃん 10か月（男児）
●登園時に泣くことが多かったが、少しずつ園生活に慣れ、安心して過ごせるようになった。 ●はいはいでの移動が増え、行動範囲が広がる。	●新しい環境になかなか慣れず、保育者のおんぶで過ごすことが多い。おんぶから徐々に、保育者のひざに座って遊ぶことに慣れ、一対一であれば玩具で遊ぶことができる。
●保育者との関わりを深め、安心して遊ぶことを楽しむ。	●保育者との関わりに安心感を抱き、信頼関係を築く。
●一対一で密に関わることで、保育者との信頼関係を深める。 人 ●保育者と関わりながら、安心して好きな玩具での遊びを楽しむ。 人 もの	●触れ合い遊びなどを通して保育者との信頼関係を深める。 人
●登園時の受け入れは特に不安定になるので、保育者が温かく受け入れ、寄り添うことで、安心感につなげる。 ●本児の好きな「いないいないばぁ」遊びやボールや人形などの玩具を提供し、遊びの欲求にこたえ、楽しめるようにする。	●特定の保育者が受け入れるようにし、次第に他の保育者にも慣れるようにする。 ●本児の気持ちを優しく受容し、本児の楽しい遊びを共有し、信頼関係を深めていく。
●初めは登園時に泣くことが多かったが、保育者が一対一で密に関わることで、落ち着いて過ごせるようになる。 ●はいはいでの移動が多くなってきたため、けがのないように安全面には十分に気を付け、見守っていきたい。	●新しい環境に敏感で、他児の泣き声を聞くことで不安になりやすいため、特定の保育者が受け入れをした。一対一でゆったりと過ごしていくことで、少しずつ保育者に安心感を抱き、園の生活にも慣れてきた。

ねらい

この1か月で育みたい資質・能力を子どもの生活する姿からとらえたものです。園生活を通じ、様々な体験を積み重ねる中で相互に関連をもちながら、次第に達成に向かいます。

内 容

「ねらい」を達成するために「経験させたいこと」です。「健やかに伸び伸びと育つ」「身近な人と気持ちが通じ合う」「身近なものと関わり感性が育つ」の3つの視点により、 健 人 もの で表示しています。

保育者の援助

「ねらい」を達成するために「内容」を経験させる際、どのような援助が必要かを書き出します。その子のためだけの援助も書きます。

月 個人案

keikaku → P236-237

依存の中で安心感を得る

　特定の保育者との愛着関係の中で、心身の発達が促され、信頼関係を育んでいく大切な時期です。子どもの喜びや不快感などを敏感に受けとめ、笑顔で適切に対処していくことが求められます。

　また、はいはいやつかまり立ちなど、全身運動によって目覚ましく手足を発達させていく時期なので、安全に気を付けながら、十分に活動できる環境を整えましょう。

	Aちゃん 4か月（女児）	Bちゃん 6か月（男児）
今月初めの子どもの姿	●授乳間隔が3～4時間あり、母乳を飲んでいる。 ●視覚や聴覚が発達しており、音のするほうを見たり、保育者の顔をじっと見つめたりする。	●だいたい決まった時間に2回寝をしているが、睡眠時間は短い。 ●離乳初期食を嫌がらずに食べている。 ●ミルクを哺乳瓶で喜んで飲む。家庭では母乳も飲んでいる。
◆ねらい	●保育者との信頼関係を深め、哺乳瓶やミルクの味に慣れる。	●生活リズムを安定させ、安心して生活する。 ●安心してミルクを飲み、離乳食を食べる。
★内容	●保育者との信頼関係を深め、ミルクの味や哺乳瓶の乳首に慣れる。 健 人	●安心して眠る。 健 ●落ち着いた雰囲気の中、信頼できる保育者に抱っこされ、安心してミルクを飲む。 健 人
保育者の援助	●母親に冷凍母乳を準備してもらうようにお願いする。 ●午睡後の機嫌のよいときに哺乳瓶に冷凍母乳を移し、少しずつ飲めるようにする。 ●本児の授乳の様子に応じて、保育時間を延ばす。	●生活リズムを把握し、家庭と連続性のある生活が送れるようにする。 ●離乳食や哺乳量は家庭と連携を図り、本児の食事中の様子や体調に合わせて無理なく進める。 ●目覚めたときは十分なスキンシップと優しい語りかけを行い、安心して過ごせるようにする。
評価・反省	●日中、母親が園に来て授乳を行うなど、保護者と連携を図りながら進めることができた。来月も機嫌のよいときを見計らい少しずつ飲めるようにしていきたい。	●少しずつ生活リズムも安定してきている。人見知りが少しずつ出始めてきているので、スキンシップや優しい言葉を十分にかけ、心の安定を図りたい。

　健 ：健やかに伸び伸びと育つ　人 ：身近な人と気持ちが通じ合う　もの ：身近なものと関わり感性が育つ　を表しています。

 Aちゃん

母親に授乳してもらったり、冷凍母乳を用意したり、連携していくことが要となります。

 Bちゃん

離乳食が始まったので、Bちゃんの様子や体調に合わせ、進めていくようにします。

 Cちゃん

受け入れる際に泣くことが多いので、安心できるような関わりと、気に入った玩具を用意します。

Dちゃん

安心して過ごせることを第一に考え、スキンシップを多くして関わるようにします。

Cちゃん 8か月（女児）	Dちゃん 10か月（男児）
●登園時に泣くことが多かったが、少しずつ園生活に慣れ、安心して過ごせるようになった。 ●はいはいでの移動が増え、行動範囲が広がる。	●新しい環境になかなか慣れず、保育者のおんぶで過ごすことが多い。おんぶから徐々に、保育者のひざに座って遊ぶことに慣れ、一対一であれば玩具で遊ぶことができる。
●保育者との関わりを深め、安心して遊ぶことを楽しむ。	●保育者との関わりに安心感を抱き、信頼関係を築く。
●一対一で密に関わることで、保育者との信頼関係を深める。人 ●保育者と関わりながら、安心して好きな玩具での遊びを楽しむ。人 もの	●触れ合い遊びなどを通して保育者との信頼関係を深める。人
●登園時の受け入れは特に不安定になるので、保育者が温かく受け入れ、寄り添うことで、安心感につなげる。 ●本児の好きな「いないいないばぁ」遊びやボールや人形などの玩具を提供し、遊びの欲求にこたえ、楽しめるようにする。	●特定の保育者が受け入れるようにし、次第に他の保育者にも慣れるようにする。 ●本児の気持ちを優しく受容し、本児の楽しい遊びを共有し、信頼関係を深めていく。
●初めは登園時に泣くことが多かったが、保育者が一対一で密に関わることで、落ち着いて過ごせるようになる。 ●はいはいでの移動が多くなってきたため、けがのないように安全面には十分に気を付け、見守っていきたい。	●新しい環境に敏感で、他児の泣き声を聞くことで不安になりやすいため、特定の保育者が受け入れをした。一対一でゆったりと過ごしていくことで、少しずつ保育者に安心感を抱き、園の生活にも慣れてきた。

5月 個人案

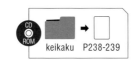

CD ROM → ☐
keikaku P238-239

毎日の変化に気付けるように

　乳児は、身長も体重も脳の動きも、私たちが想像する以上のスピードで発達しています。昨日できなかったことが今日はできるようになり、これまで感じなかったことも急に感じるようにと変化します。

　日々の発見を喜びにしながら、保護者にも連絡帳などを通して伝えましょう。乳児がいる喜びは、園にとっても家庭にとっても、かけがえのないものであることを感じましょう。

	😊 Aちゃん 5か月（女児）	😊 Bちゃん　7か月（男児）
前月末の子どもの姿	●哺乳瓶に慣れず、スプーンやコップでミルクを飲むため、こぼれることが多い。 ●あお向けのときに音が鳴ると、顔の向きを変え、その方向を見る。 ●寝返りをする。	●好き嫌いなく、何でも喜んで食べている。 ●座った姿勢から自分で腹ばいになり、前方にある玩具を取ろうとする。座らせようとすると足をつっぱり、立とうとする。
◆ ねらい	●哺乳瓶に慣れる。 ●目覚めているときは欲求を充実させ、安定して過ごす。	●適切な量のミルクを飲み離乳食を食べる。 ●安心できる保育者と関わりながら、体を動かして遊ぶことを楽しむ。
✴ 内容	●哺乳瓶に慣れる。 健 ●保育者のあやしを喜んだり、あお向けや腹ばいになって遊ぶことを楽しんだりする。 人	●落ち着いた雰囲気の中で、離乳食を食べ、いろいろな食材の味や舌触りに慣れる。 健
保育者の援助	●他児の姿が気にならない、静かな場所で授乳する。 ●つかみやすい玩具、音の出る玩具を目の前に置き、手を伸ばして取ろうとする動きを促す。 ●特定の保育者が授乳し、飲み方の癖や特徴、飲みやすい姿勢などを把握する。	●「おいしいね」など優しく声をかけながら、安心して食べられるようにする。 ●保育者がそばで優しく見守りながら、安心して体を動かせるようにする。 ●つかまり立ちを好むが、無理をさせず、いろいろな姿勢を経験させる。
評価・反省	●哺乳瓶での授乳は完全ではないが、少しずつできるようになった。 ●起きている間は積極的に触れ合い、本児が安心して寝返り、腹ばいで遊ぶことができるスペースを準備することができた。	●好き嫌いなく食欲旺盛で、2回食へ移行したが問題なく進んでいる。しかし、よくかまずに飲み込む姿も見られるので、そしゃくを促す言葉をかけていきたい。

　健：健やかに伸び伸びと育つ　人：身近な人と気持ちが通じ合う　もの：身近なものと関わり感性が育つ　を表しています。

Aちゃん
哺乳瓶に慣れるまでは大変ですが、機嫌よく楽しく過ごしていれば受け入れる日は来るでしょう。

Bちゃん
よく食べるので、体の発達も目覚ましいですね。全身の筋肉をバランスよく動かしましょう。

Cちゃん
はいはいが楽しい時期です。思いきりはいはいができる環境をつくり、玩具で促しましょう。

Dちゃん
体調に気を配り、園は楽しいところだと感じられるよう、生活を組み立てましょう。

Cちゃん 9か月（女児）	**Dちゃん 11か月（男児）**
●行動範囲が広がり、自分の好きな玩具（ミニカーやボール）を見付けて遊ぶようになった。 ●本児の背の高さに合った物で、つかまり立ちをすることが多くなった。	●体調を崩し4月中旬から連休明けまで欠席する。気管支が弱いため、運動遊びや外気浴は無理をしない。 ●自分の興味のある物を指差し「あーあー」と喃語を話したり、「まんま」などの意味のある言葉を話したりする。
●安心できる保育者に見守られながら、探索活動や体を動かすことを楽しむ。	●保育者と一緒に好きな遊びを楽しむ。 ●喃語や指差しに十分にこたえてもらい、発語を楽しむ。
●十分はいはいのできる広いスペースで、体を動かして遊ぶことを楽しむ。 健	●好きな玩具を見付け、保育者と一緒に遊ぶことを楽しむ。 人 もの ●喃語を発し、応答してもらうことを喜ぶ。 人
●十分はいはいのできるスペースを整え、転倒などけがのないよう注意する。 ●後追いが始まったので、本児の気持ちを受け止めながら、一人遊びを楽しんでいるときは優しく見守り、関わりを求めたときはしっかりと応じる。	●不安なときは一対一で関わったり、本児の好きな玩具を準備したりする。 ●喃語を優しく受け止め、「自分の要求に応じてくれる」という安心感をもつことで、自己表現する意欲を育む。
●つかまり立ちをする姿が多く見られた。転倒によるけがを防ぐため、職員間で連携を取ることができてよかった。	●体調を崩し長期欠席した本児。医師から、気管支が弱く風邪をひきやすいとの診断があったので、体調には一層注意していきたい。 ●盛んに喃語を話すようになったので、言語理解の力を高めていきたい。

6月 個人案

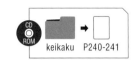

keikaku　P240-241

汗の始末をして快適に過ごす

新陳代謝が活発な子どもは、全身運動をするたびに汗をかきます。そのままにしておくと風邪をひいたり、不快感から泣いたりすることにもつながります。気温や湿度を確認しながら、子どもが快適に全身運動ができる環境を整えましょう。

また、言葉をよく聞いていてインプットする時期なので、ゆっくりはっきりと優しく語りかけることが大切です。

	Aちゃん 6か月（女児）	Bちゃん 8か月（男児）
前月末の子どもの姿	●授乳間隔が一定になり、少しずつ哺乳瓶でミルクを飲めるようになった。 ●目の前にある玩具に手を伸ばしたり、握ったり、口の中に入れたりして一人遊びを楽しむ。	●保育者がそばから離れると、抱っこを求めて泣き出す。 ●離乳食を喜んで食べる。食欲旺盛で、すぐに飲み込んでしまうこともある。
ねらい	●生活リズムを整え、哺乳瓶でミルクを飲む。 ●安心できる環境の下、様々な物に触れる。	●信頼できる保育者との関わりを楽しみ、安心して過ごす。 ●楽しい雰囲気の中でおいしく離乳食を食べる。
内容	●安心できる保育者に抱っこされ、哺乳瓶でミルクを飲む。 健 人 ●ほしい玩具に手を伸ばしたり、握ったりして遊ぶことを楽しむ。 もの	●優しい言葉かけでスキンシップを図りながら、触れ合うことを喜ぶ。 人 ●もぐもぐしてから飲み込むことに慣れる。 健
保育者の援助	●授乳の際は目を合わせながら「おいしいね」と優しく言葉をかけ、安心してミルクが飲めるような環境をつくる。 ●寝返りが一定方向なので、あお向けになった際、両足を反対方向にひねるなどし、逆方向の寝返りの動作を促す。	●慣れ親しんだ保育者が優しく声かけしたり、本児の遊びをそばで見守ったりする。 ●「もぐもぐしようね」と言葉をかけ、保育者の口元の動きを見せてそしゃくを促す。
評価・反省	●哺乳瓶でミルクを200cc飲むことができるようになった。 ●腹ばいになり安心して遊べるようなスペースを確保しつつ、他児の姿を見たり触れ合ったりすることで、人への関心を広げていきたい。	●風邪による欠席が続いたため、保育者がそばから離れると泣き出したり、抱っこを求めたりする姿が多く見られた。 ●2回食も順調に進んでいる。指先の機能が発達してきたので、手づかみ食べの経験も進めたい。

　健：健やかに伸び伸びと育つ　人：身近な人と気持ちが通じ合う　もの：身近なものと関わり感性が育つ　を表しています。

Aちゃん
園での暮らしが安定してきたことがうかがえます。寝返りができることで世界が広がります。

Bちゃん
前月の評価、反省から出た「すぐ飲み込む」ことについて、対策を講じて記しています。

Cちゃん
手づかみ食べが始まりました。自分で食べる意欲を大切にサポートしていきましょう。

Dちゃん
歩けることが嬉しいとき。けれども転ぶ危険も多いので、安全面に気を付けましょう。

Cちゃん 10か月（女児）	Dちゃん 12か月（男児）
●揺れる物や音の出る物を指差し、「あーあー」と言って保育者に伝える。 ●食欲が旺盛となり、手づかみ食べが徐々に始まる。カボチャやイモ類など、嫌いな物は舌で押し戻す。汁物に入れると食べられた。	●立ち上がり、2〜3歩ほど歩く。 ●食べることを喜び、手づかみやフォークを使って自分で食べようとする。しかし口にうまく運べず、手でつかんだおかずを握りつぶすなど、遊び食べが見られる。
●身の回りの物や人に興味をもち、自ら関わろうとする。 ●自分で食べる喜びを感じる。	●安心できる環境の下、つかまり立ちやつたい歩きをし、歩行に向けての活動を楽しむ。 ●自分で食事することを喜ぶ。
●保育者と関わりながら、好きな玩具で遊ぶことを楽しむ。 人 もの ●自分で食べることを喜び、おいしく食事をする。 健	●つかまり立ち、つたい歩きなど、体を動かすことを楽しむ。 健 ●楽しい雰囲気の中、手づかみやフォークを使って自分で食事をする。 健
●本児が興味をもてる玩具を用意する。 ●自分で食べたいという気持ちを尊重して手づかみ食べを認め、「もぐもぐ」などと声をかけ、保育者も一緒に食事をすることで、楽しい雰囲気で食事ができるようにする。	●手押し車を使う際には、十分に押して歩くことができる広いスペースを準備する。 ●こぼれてもよい環境をつくり、本児が自分で食べようとする意欲を大切にする。保育者もおいしそうに食事する姿を見せる。
●様々な物への関心が高まったことで、指差しが増えた。 ●離乳食の量が増え、食欲が旺盛となってきたので、家庭と連携を図りながら離乳食を進めていきたい。	●「おいでおいで」と声をかけると笑顔で歩いてくるなど、歩行に対しても意欲的である。 ●指先が不器用で、細かい物をつかみにくそうにしている。感触遊びなどで指先の発達を促していきたい。

Part **3** 指導計画

6月 個人案

7月 個人案

CD ROM keikaku → P242-243

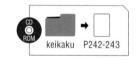

水遊びを安全に楽しく

暑くなってくると疲れやすくなり、機嫌も悪くなりがちです。だからといって、冷房の効いた保育室でずっと過ごすのは困りものです。自然の気温を体感し、水に触れて涼を取りましょう。ビニールプールは滑りやすいので、なるべく手を添えて移動させます。少しずつ水に親しめるように、水に浮く玩具、沈む玩具を準備しましょう。楽しい経験になれば、またやりたいと思うはずです。

	Aちゃん 7か月（女児）	Bちゃん 9か月（男児）
前月末の子どもの姿	●大人のあやしや微笑みに対して、声を出して笑う。 ●少しの間なら、支えなしでお座りができる。 ●1回食から2回食に進み、様々な食材を食べる。	●昼夜逆転の傾向があり、日中機嫌が悪く遊びに集中できない。 ●手を伸ばし食べ物を取ろうとする。 ●はいはい、つかまり立ちでの移動が盛んである。
◆ねらい	●温かい保育者の関わりの中で、人や物へ興味をもつ。 ●楽しい雰囲気の中で食事をする。	●生活リズムを安定させ、安心して生活できるようにする。 ●様々な食材に慣れ、離乳食を喜んで食べる。
★内容	●保育者との触れ合い遊びを楽しんだり、好きな玩具で遊んだりする。[人][もの] ●保育園での食事に慣れ、楽しい雰囲気の中で食事をする。[健]	●心地よい睡眠を取る。[健] ●保育者と遊ぶことを楽しむ。[人] ●食べ物の感触を手で知る。[健] ●十分はいはいすることを喜ぶ。[健]
保育者の援助	●音の鳴る持ちやすい玩具を準備する。 ●保育者や他児が食べる姿を示しながら、「もぐもぐ」の模倣ができるようにする。また、上唇を動かしてスプーン上の食べ物を食べようとするのを待つようにする。	●家庭での睡眠状況を把握し、適切な睡眠を取れるようにする。また家庭との連携で、生活リズムの安定を図る。 ●手づかみで食べる意欲を大切にし、形状によっては保育者が食べさせる。
評価・反省	●腹ばいで遊ぶ時間が長くなった。 ●食事では、口に入れた物が押し戻されるときがあるので、調理の形態や食べさせ方について、保護者と連絡を取っていきたい。	●家庭での様子を見ながら午睡時間を短くし、家庭の協力を得て、就寝時間を早めてもらった。今後も快適な生活リズムで、情緒の安定を図り、遊びを楽しめるような関わりを大切にしたい。

[健]：健やかに伸び伸びと育つ　[人]：身近な人と気持ちが通じ合う　[もの]：身近なものと関わり感性が育つ　を表しています。

 Aちゃん

食に関する経験が増えていきます。楽しく食事時間を過ごすことが大切です。

 Bちゃん

夜型生活の保護者に付き合わされ、生活リズムが乱れています。保護者と連携を図りましょう。

 Cちゃん

つかまり立ちが楽しい時期です。安全に気を付け、十分に運動できるようにします。

Dちゃん

水との関わりが楽しく心地よい体験となるように、環境を整えましょう。

😊 Cちゃん 11か月（女児）	😊 Dちゃん 1歳1か月（男児）
●いろいろな場所でつかまり立ちやつたい歩きをし、笑顔で楽しむ姿が多くなった。 ●目が合うとにっこり微笑むなど、表情が豊かになる。	●水が体にかかることに抵抗はなく、じょうろから流れる水を不思議そうに眺め、手を伸ばして水をつかもうとする。 ●はいはいやよちよち歩きで好きな場所に移動し、探索を楽しむ。
●つたい歩きで移動することを楽しむ。 ●様々な食品の味に慣れ、食事を楽しむ。	●水に触れ、心地よさやおもしろさを感じる。 ●指先を使いながら、感触遊びを楽しむ。
●つかまり立ちやつたい歩きをして、歩行することを楽しむ。 健 ●様々な形態の食事や味に慣れ、保育者と一緒に食事することを楽しむ。 健	●水に触れる。 もの ●小麦粉粘土や寒天つぶしなど、感触遊びを楽しむ。 もの
●つかまり立ちやつたい歩きができたときは一緒に喜び、気持ちを共有することで楽しめるようにする。 ●「もぐもぐ」や「おいしいね」など声をかけ、楽しい雰囲気で食事ができるように配慮する。	●本児にとって初めての水遊びとなるので、本児に応じた方法で無理なく進める。 ●口の中に入れても危険のない素材を準備し、保育者も一緒に遊ぶ姿を見せながら感触遊びを楽しめるようにする。
●歩行への意識が高くなり、転倒によるけがが増えた。本児のペースに合わせて援助していきたい。 ●家庭と調理師との連携を図り、家庭と同じような食事形態に配慮することができた。	●中耳炎になっているので、水遊びの際には耳に水が入らないように十分に配慮する。 ●食べ物をつまんで口に運ぶことも徐々にできるようになった。

Part 3 指導計画

7月 個人案

8月 個人案

食欲があれば元気に過ごせる

暑さのために、食欲がなくなることがあります。水分ばかりをとると、なおさらです。食べ物の絵本や紙芝居、歌などを活用して食べたくなるような雰囲気をつくりましょう。「パックン」「もぐもぐ」「ごっくん」などリズミカルに言葉をかけ、食べることはおいしくて楽しいことだと体験できるようにします。保育者がおいしそうに食べる姿を見せることも、大事な環境の一つです。

CD ROM keikaku → P244-245

	Aちゃん 8か月（女児）	Bちゃん 10か月（男児）
前月末の子どもの姿	●暑さのために熟睡できず、機嫌が悪いことが多い。 ●たらいに入った水に手を伸ばすなど、積極的に水に触れようとする。 ●つかみやすい物であれば、自分で持って食べる。	●はいはいで自由に移動し、どこでもつかまり立ちをする。 ●保育者が他児を抱っこしていると自分もひざにのろうとする。 ●つかみやすい副食を指でつまんで食べる。皿で遊び出す。
ねらい	●シャワーや水遊びをし、心地よく過ごせるようにする。 ●様々な食材や、舌触りのよい食べ物に慣れていけるようにする。	●探索活動を十分に楽しむ。 ●水遊びを楽しむ。 ●楽しい雰囲気の中、喜んで離乳食を食べる。
内容	●安全な環境の中で、水遊びを楽しむ。[もの] ●様々な食材や形状の食べ物に慣れる。[健]	●好きな場所へ自由に移動し、はいはいやつかまり立ちを楽しむ。[健] ●水の感触を楽しむ。[もの] ●楽しく手づかみで食べる。[健]
保育者の援助	●水遊びでは本児の後ろに支えとなるように保育者が座り、転倒を防ぐ。 ●何にでも手を伸ばし口に入れるので、飲み込みやすい物は片付ける。 ●食事では、本児の状態に応じた、つかみやすい物を準備してもらう。	●つかまり立ちの際、転倒してけがのないように見守る。 ●体調や気温、水温に配慮する。そばに付き添い危険のないようにする。 ●食べ物で遊び出したら、「おなかいっぱいかな。ごちそうさまをしようね」と優しく言葉をかけながら片付ける。
評価・反省	●行動範囲も広がってきたので、安全な環境を整えていきたい。 ●食事では、保護者と密に連絡を取ることで、食べ方や食事の形態について分かり、食べ物が押し戻されることがなくなって、よかった。	●水に触れることを喜び、水遊び後のシャワーによって、心地よい睡眠も取れた。 ●食事は家庭と連携を図ったことで、手づかみ食べも上手になった。

[健]：健やかに伸び伸びと育つ　[人]：身近な人と気持ちが通じ合う　[もの]：身近なものと関わり感性が育つ　を表しています。

立案のポイント

 Aちゃん
涼しく過ごせるよう、安全面に気を付けながら、水遊びに積極的に誘いましょう。

 Bちゃん
甘えたい気持ちが見えるので、十分に愛されているということが伝わるようにします。

 Cちゃん
いろいろな物の感触を味わうことを楽しめるように、働きかけましょう。

 Dちゃん
不安定になった際にはどうするか、手立てをあらかじめ考えておく必要があります。

😊 **Cちゃん 12か月（女児）**	😊 **Dちゃん 1歳2か月（男児）**
●砂や土に触れることを嫌がる。手が汚れると片言で知らせる。 ●友達の存在に興味をもち、遊んでいる玩具を触りに行く。 ●自分の遊んでいる玩具を取られると泣く。	●水遊びが大好きで、積極的に遊ぶ。 ●新入園児が増え、他児の泣き声につられて泣いたり、目の前にいる保育者が他児を抱くと怒って泣いたりするなど、情緒が不安定な姿が見られる。
●様々な感触遊びを楽しむ。 ●保育者や友達に関心をもち、一緒に遊ぶことを楽しむ。	●保育者や友達と一緒に水遊びを楽しむ。 ●愛着行動の受容により、安定して過ごす。
●水、砂、泥遊びを楽しむ。 [もの] ●保育者の仲立ちの下、友達と一緒に好きな遊びを楽しむ。 [人]	●水をすくったり、用具を使って保育者や友達と水遊びを楽しんだりする。 [もの] ●保育者に甘えや欲求を受け止めてもらい、自分の好きな遊びを楽しむ。 [人]
●初めての経験なので、子どもの興味に応じて無理なく遊べるようにする。 ●「○○ちゃんと同じだね」などと言葉をかけ、友達との関わりを楽しめるようにする。	●水遊びでは、手づくりの玩具を準備し、「気持ちいいね」と声をかけながら楽しめるようにする。 ●甘えたい気持ち、不安な気持ちを十分に受容し、一対一で遊ぶ時間をつくるなどして、安定して過ごせるようにする。
●感触遊びでは、本児の興味に応じて少しずつ関わることで、自分から水や砂に触れて喜ぶ姿が見られるようになった。今後も保育者が楽しんでいる姿を見せることで、少しずつ楽しめるようにしたい。	●様々な感情をよく表現するようになる。その時々の気持ちに共感し、物事への興味・関心を深め、保育者との信頼関係を深めることができた。

Part
3

指導計画

8月・個人案

245

十分な探索活動を保障する

　自分の力ではいはいしたり、つたい歩きをしたりして移動ができるようになると、目に入るものすべてが新鮮で触ってみたくなります。この意欲を大切に、十分に活動できるように環境を整えていきましょう。また、玩具の上にハンカチなどをかけて隠し、子どもが発見する遊びも楽しいでしょう。自分でハンカチをかけたり、取ったりも楽しめます。

CD-ROM keikaku → P246-247

	🙂 Aちゃん 9か月（女児）	😄 Bちゃん 11か月（男児）
前月末の子どもの姿	●はいはいからお座りをしたり、お座りからはいはいをしたりする。 ●玩具を持ち、たたき合わせたり、投げたりして遊ぶ。 ●何にでも興味を示し、指差ししたり手に取って口に入れたりする。	●はいはいで移動し、つたい歩きを喜んでいる。 ●友達に興味があり、目や口など相手の顔を触る。 ●手づかみで、好き嫌いなく上手に食べる。
◆ねらい	●腹ばいや、はいはいなどの移動運動を楽しむ。 ●はいはいで探索活動を楽しむ。	●安心できる保育者と共に、友達との関わりを楽しむ。 ●離乳食を喜んで食べ、満足感を味わう。
★内容	●自分で好きな場所に移動することを楽しむ。 健 ●様々な物に興味を示し、探索活動を十分に楽しむ。 もの	●体を動かす遊びを楽しむ。 健 ●友達との関わりを楽しむ。 人 ●手づかみで十分に食べ、自分でコップを持って飲む。 健
保育者の援助	●移動運動が盛んになってきたので、思いきりはいはいや腹ばいができるような空間を準備する。 ●好奇心を刺激するような玩具を置いたり、「おいでおいで」と声をかけたりして、遊びに誘う。	●トンネルくぐり、斜面登り、階段上がりなど、楽しく体を動かせる環境を整える。 ●友達との関わりを、優しく言葉を添えながら見守る。 ●手づかみで食べることを大切にし、コップには手を添えて飲めるようにする。
評価・反省	●はいはいはまだぎこちないが、様々な遊びを通して少しずつスムーズに進めるようになった。動きが活発になったので、目を離さず本児の行動を見守っていきたい。 ●表情がはっきりとし、盛んに喃語も聞かれるようになった。	●様々な環境を設定したので、十分に楽しく身体活動ができた。 ●他児の目を触る行動がまだ見られるので、そのつど注意しながら言葉を添えて関わりたい。 ●コップを一人で持ち、自分で飲むことができるようになった。

健：健やかに伸び伸びと育つ　人：身近な人と気持ちが通じ合う　もの：身近なものと関わり感性が育つ　を表しています。

 Aちゃん

自由にはいはいができることは喜びです。十分に運動できるような環境を整えます。

 Bちゃん

友達に興味があるため目や口を触ろうとしますが、目に触れると危険だと知らせていきます。

 Cちゃん

楽しく遊びながら、歩くことに慣れてきた時期です。筋力も付くようにしましょう。

Dちゃん

スプーンやフォークは便利な物だと経験できるように、さり気なく援助しながら関わります。

😊 Cちゃん 1歳1か月（女児）	😊 Dちゃん 1歳3か月（男児）
●一人で歩き始めるが、何もないところで転んだり、ささいなことで倒れたりする。 ●歩き疲れると、「抱っこ」と言って保育者を呼ぶ。 ●自分の名前を呼ばれると返事をする。	●歩行することを喜び、身近な人や物に自ら近づき、探索を楽しんでいる。 ●食事の際は、フォークやスプーンを使いたがり、食べ物を刺したり、すくったりして食べようとするが、思い通りに使いこなせず手づかみになる。
●つたい歩きから、少しずつ歩くことを楽しむ。 ●保育者と身振りやまねっこなどのやり取りを楽しむ。	●周囲の人や物に興味を示し、探索活動を楽しむ。 ●スプーンやフォークを使って、楽しく食事をする。
●自分で歩くことを楽しむ。 健 ●遊びの中で簡単な言葉のやり取りや、保育者のやることに興味をもち、まねることを楽しむ。 人	●様々な物に興味を示し、歩いて探索活動を楽しむ。 もの ●自分で食事する喜びを味わいながら、楽しい環境の中で食事をする。 健
●「自分で歩けた」という本児の喜びに共感することで満足感を味わわせ、歩くことへの意欲が高まるようにする。 ●「ちょうだい」「どうぞ」「ありがとう」などの簡単な言葉のやり取りをする中で、発語を楽しめるようにする。	●本児との信頼関係を大切にし、安全な保育室の中に本児の好きな玩具を用意するなどして、安心して探索活動を楽しめるようにする。 ●フォークやスプーンを使う際は、「ちっくんしようね」などと声をかけながら、手を添えて使い方を知らせる。
●戸外や保育室の中で十分に歩行が楽しめるように、場の確保や安全面に配慮した。 ●友達のまねを好む姿が多くなった。保育者が仲介することで友達と一緒に遊ぶ楽しさが味わえるようにしたい。	●友達にも興味を示すようになった。友達との関わりを楽しめるように仲立ちしていきたい。 ●食事では、毎日のくり返しの中でフォークやスプーンの使い方が身に付いていくように、丁寧に関わりたい。

Part **3** 指導計画

9月 個人案

10月 個人案

様々な味に慣れよう！

過ごしやすい季節になり、移動運動も活発になります。動かして遊べる玩具などで、体の活動を促しましょう。

また、食材に秋の味覚がたくさん入ってきます。食べ慣れない物は舌で押し返すことが多いですが、口に入れただけでも味わっているととらえ、無理せずに順番を変えながら、子どもが様々な味に慣れていけるようにしましょう。

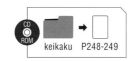

CD-ROM keikaku → P248-249

	😊 Aちゃん 10か月（女児）	😊 Bちゃん 12か月（男児）
前月末の子どもの姿	●はいはいで移動し、探索することを楽しんでいる。 ●人見知りや後追いが始まり、母親と離れる際は母親を追って泣いたり、見慣れない人が保育室に入ると泣いたりする。	●しゃがんだり、立ち上がったりして歩こうとする。 ●指差ししながら喃語を発する。 ●「ばいばい」「いただきます」に合わせて身振りをする。
◆ねらい	●保育者との触れ合い遊びを楽しみ、信頼関係を深める。 ●喃語を話し、応答してもらうことを喜ぶ。	●戸外で保育者と一緒に遊ぶことを楽しむ。 ●保育者との関わりにより、喃語を楽しむ。
★内容	●安心できる保育者との触れ合いを楽しむ。 人 ●喃語を楽しむ。 人	●裸足で土の感触を味わいながら歩いたり、靴をはいて歩いたりすることを楽しむ。 もの ●保育者と喃語のやり取りを楽しむ。 人
保育者の援助	●母親の後追いが始まったので、本児の甘えたい気持ち、悲しい気持ちを十分に受容し、情緒の安定を図り、情緒的な絆を深められるようにしていく。 ●喃語に対して丁寧に言葉を返し、言葉を発する楽しさ、応答してもらえる嬉しさを感じられるようにする。	●裸足で土の上を歩くのを嫌がるときは無理をさせず、芝生などに場所を変えたり、靴をはかせたりして、楽しく戸外を歩けるようにする。 ●喃語の発声を優しく受け止め、丁寧に言葉やしぐさで応答する。また、物の名前や動作が一致するように働きかける。
評価・反省	●特定の保育者を追ったり、母親と離れる際に泣いたりする姿が見られるようになった。悲しい気持ちや甘えたい気持ちを丁寧に受容し、情緒が安定するように関わることで、機嫌のよいときには「ぶーぶー」などの喃語が増えた。	●保育者と手をつないだり、場所を変えたりすることで、裸足で歩くことに徐々に慣れ、楽しんで歩く姿が見られた。 ●指差ししながら喃語を発する姿が見られた。指差した物の名前を言うことで、言語の発達を促していきたい。

健 ：健やかに伸び伸びと育つ 　人 ：身近な人と気持ちが通じ合う 　もの ：身近なものと関わり感性が育つ　を表しています。

立案のポイント

Aちゃん
喃語が出てきたので、自分が声を出すと、周りが嬉しく反応してくれることが分かるようにします。

Bちゃん
言葉の意味が分かり始めています。ゆっくりはっきりとした発音で言葉を知らせます。

Cちゃん
音楽に合わせて踊るのが好きなCちゃん。様々な動きを取り入れて提供しましょう。

Dちゃん
友達との関わりを少し楽しめるようになったので、友達はよいものだと体験できるようにしましょう。

Cちゃん 1歳2か月（女児）	Dちゃん 1歳4か月（男児）
●自分で様々な場所に行き、探索活動を楽しむ。 ●園庭でアリを見付けると、「あー」と言って保育者に知らせる。 ●好きな音楽が流れると、体を揺らして喜ぶ。	●ズックをはいて歩くことにも慣れ、保育者が他児と一緒に「待て待て」と追いかけると、喜んで逃げる。 ●様々な自然物を指差し、虫を見て不思議そうにのぞき込んでいる。
●秋の自然に触れながら、様々なところを歩くことを楽しむ。 ●身近な音楽に親しみ、体を動かして踊ることを楽しむ。	●友達や保育者と一緒に、戸外遊びを楽しむ。 ●散歩を通して秋の自然に触れる。
●体のバランスを取りながら、斜面の上り下りを楽しむ。 もの ●保育者と手遊びをしたり、音楽に合わせて体を動かしたりして遊ぶ。 もの	●戸外に出て、保育者や友達と一緒に追いかけっこや探索を楽しむ。 人 もの ●様々な自然を見たり触れたりする。 もの
●保育者と一緒に様々な道を歩くことで、バランス感覚を育む。 ●本児の好きな手遊びを一緒にしたり、音楽に合わせて自由に踊る姿を認めたりすることで、表現する喜びが感じられるようにする。	●大勢の子どもがいない落ち着いた時間を見計らって園庭に出るようにし、本児が安心して遊べるようにする。 ●一緒に遊びながら、友達と触れ合う楽しさを感じられるようにする。 ●本児の伝えたい気持ちに優しくこたえ、様々な物への興味・関心が広がるようにする。
●保育者と一緒に手をつなぎ散歩に出かけるが、途中からは手を離して友達の後を追いかける姿が見られた。歩行も安定してきた。 ●保育者や友達のまねをして、体を動かす姿が見られた。	●友達への関心が出ているので、友達と一緒に遊べるような追いかけっこなどをし、関わり方を知らせることができた。 ●歩行が安定してきたので、安全な散歩コースを見付け、歩いて散歩を楽しめるようにしていきたい。

Part 3 指導計画

10月 個人案

11月 個人案

薄着に慣れて風邪知らず

　肌寒い季節になりました。家庭では風邪をひかないようにと子どもに厚着をさせがちですが、園内は暖かくしていることを伝え、薄着の習慣を付けるようにしましょう。

　時々は外気に触れることも必要です。体温調節機能がうまく働くように、優しくトレーニングしていきましょう。手を洗える子には手を添え、小さい子はおしぼりで、手をきれいに保ちます。

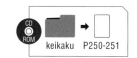
keikaku　P250-251

	Aちゃん 11か月（女児）	Bちゃん 1歳1か月（男児）
前月末の子どもの姿	●つかまり立ちが見られる。 ●保育者が積み木を積み重ねると、それを崩すことを楽しみ、まねして積み重ねようとする。 ●「いただきます」などと言い、頭を下げたり手を合わせたりする。	●よちよちと歩くことができる。 ●「散歩へ行くよ」の声かけで、保育者の持っている散歩用の帽子のところまで、よちよちと歩いてくる。 ●散歩中に見かけた物を指差しながら、保育者に伝えようとする。
◆ねらい	●信頼できる保育者との関わりの中で、安心して自分の遊びを楽しむ。	●秋の自然に触れながら、戸外遊びを楽しむ。 ●歩行での散歩を楽しむ。
★内容	●自分の好きな遊びを見付け、保育者や友達と遊ぶ。 人 もの ●保育者を模倣して遊ぶ。 人 もの	●保育者に見守られながら探索活動を楽しみ、自然物に触れる。 もの ●保育者と一緒にコンクリート、砂利道、坂道などを歩くことを楽しむ。 もの
保育者の援助	●つかまり立ちをするが、まだ不安定なので、転倒しないよう目を離さず見守る。玩具などが散乱しないよう、保育室の環境を整える。 ●保育者と一緒に様々な玩具を使って遊び、興味を広げられるようにする。また、指先の発達を促すような遊びや、手づくり玩具を準備する。	●興味のある物を見付けたときにはその場で立ち止まり、自然に触れる喜びを優しく言葉を添えながら共感する。 ●手をつないだりそばで見守ったりしながら、転倒によるけがに注意する。 ●気温や体調に合わせて衣服を調節する。
評価・反省	●甘えや、保育者を一人占めしたいという独占欲も出てきているので、その気持ちを受容し、一対一で遊ぶことを大切にした。また、保育者を模倣する姿が見られるので、言動には気を付けていきたい。	●戸外での散歩によって、歩行機能の発達を促すことができた。 ●アリの行列や落ち葉を見付けては、保育者の手を引き寄せ、一緒に見ようと誘う姿が見られた。楽しく経験を積みながら、言葉や知識の獲得を促していきたい。

健 :健やかに伸び伸びと育つ 人 :身近な人と気持ちが通じ合う もの :身近なものと関わり感性が育つ を表しています。

 Aちゃん

保育者のまねをしながら、生活に必要なことを身に付けています。よいモデルとなるでしょう。

Bちゃん

身近な環境をよく観察しています。急がず一つ一つの発見に共感していきましょう。

Cちゃん

絵本に興味をもち、積極的に読んでもらうことを求めています。満足するまで十分に関わります。

Dちゃん

積極的に環境に関わり、楽しんでいます。一つ一つが自信につながるよう援助します。

Cちゃん 1歳3か月（女児）	**Dちゃん** 1歳5か月（男児）
●食欲や食事の好みに偏りが現れる。 ●手づかみで自分で食事しようとする。 ●保育者に自分の読んでほしい絵本を持ってくる。	●聞き慣れた音楽が流れると、満面の笑みを浮かべて手をたたいたり、体を揺らしたりして踊る。 ●マットでつくった傾斜を登る際は、保育者が手をつながなくても歩いて登り、転がって下りることを楽しんだ。
●楽しい雰囲気の中、様々な物を食べることを楽しむ。 ●好きな絵本を、くり返し楽しむ。	●音楽に合わせて体を動かして遊ぶことを楽しむ。 ●様々な道を歩くことを楽しむ。
●保育者や友達と一緒に、食具を使って食事しようとする。 人 ●保育者と絵本を見ながら、簡単な言葉のくり返しや模倣をして遊ぶ。 人 もの	●保育者と一緒に歌ったり、手遊びや体を動かして遊んだりする。 人 もの ●坂道、砂利道など、様々な道を歩いて散歩する。 もの
●食具を使って食事する姿を認めることで満足感を味わい、自分で食べようとする意欲を育む。 ●絵本の内容を動作や言葉で表したり、登場する動物の鳴き声をまねたりするなど、模倣活動を楽しめるようにする。	●保育者は表情豊かに子どもの前に立ち、大きな動作で分かりやすく手遊びをしたり踊ったりして、子どもがやってみたいな、楽しそうだなと思えるような雰囲気づくりをする。 ●車通りの少ない安全なコースを調べ、歩くだけでなく、自然に目を向けてゆったりと散歩を楽しめるようにする。
●自分で食具を使って食事することを喜んでいる。今後は発達に応じて、正しい持ち方ができるように促したい。 ●「大きなカブ」の話を気に入り、くり返し楽しんだ。「うんとこしょ、どっこいしょ」と言ってカブを抜く場面では、保育者のまねをする姿が見られた。	●散歩では歩行することで、自然物を手に取って五感で感じることができた。また、様々な道を歩くことで足腰も強くなった。室内でもマットで傾斜をつくり、様々な方法で上り下りを楽しむことができてよかった。

12月 個人案

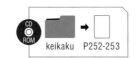

keikaku → P252-253

話す意欲を支えていく

子どもの喃語(なん)や片言を温かく受け止め、自分が話すと保育者が喜んでくれると思える雰囲気をつくります。また、絵本や紙芝居などで、言葉のおもしろさやリズムの楽しさを伝えましょう。まねっこをしながら、子どもは言葉を覚え、生活の中で使えるようになっていきます。

子どもの言葉を代弁した後、「そうだよね」と確認したり、「貸してって言ってみよう」と促したりして、語彙(い)を増やしていきましょう。

	Aちゃん 12か月（女児）	Bちゃん 1歳2か月（男児）
前月末の子どもの姿	●特定の保育者がそばから離れたり、他児を抱いたりすると怒り、泣いて後を追う。 ●楽しいときは声を出して笑い、思い通りにいかないときや何かを伝えたいときは、大声で泣く。	●スプーンを持ちながら、手づかみでも食べる。 ●好奇心旺盛で、目に付いた物すべてを手に取ろうとする。 ●興味のある物を見付けては、部屋中をあちらこちらと歩く。
◆ねらい	●信頼できる保育者との関係の中で、自分の欲求を安心して表現する。 ●満足するまで、一人遊びを楽しむ。	●楽しい雰囲気の中、自分で食べる喜びを味わう。 ●安心できる環境の中、歩行機能を十分に使い探索活動を楽しむ。
★内容	●泣いたり笑ったり、大声を発したりすることで自分の欲求を伝える。 人 ●安心できる保育者に見守られ、一人遊びを十分に楽しむ。 健 人	●保育者の援助により、フォークなどを使って自分で食事をする。 健 もの ●安全な環境の中、歩行による探索活動を楽しむ。 もの
保育者の援助	●本児の気持ちが落ち着くように、一対一の関わりを大切にする。また、本児の好きな玩具を準備する。 ●本児の興味・関心を大切にし、夢中で遊んでいるときは、その遊びを見守る。	●スプーンは上手持ちで握れるよう、手を添えて知らせる。大人の援助用スプーンも用意する。 ●楽しく食べられるような環境を設定する。 ●危険を予測しながら、安全で楽しい環境を構成し、歩行での活動が十分行えるようにする。
評価・反省	●本児の気持ちを受容することで、様々な感情が表出されるようになった。その中で、甘えを見せたときは思いきり受け止めた。一対一での関わりを大切にすることで、情緒が安定し、絆を深めることができた。	●食べにくい物は保育者が手を添えることで、こぼしながらもスプーンを使って食べることができた。 ●室内での活動が多かった。滑り台やマットを準備し、園内探検では階段の上り下りに意欲的で、段差(きな)の歩行も安定してきた。

健：健やかに伸び伸びと育つ 人：身近な人と気持ちが通じ合う もの：身近なものと関わり感性が育つ を表しています。

Aちゃん

やきもちの感情も芽生えてきました。子どもの負の気持ちも温かく受け止め、満足させます。

Bちゃん

何でも触ってみたいBちゃん。触ってよい物だけを置き、禁止することがないようにします。

Cちゃん

環境に積極的に関わりながら様々な全身運動を経験しています。これを継続していきましょう。

Dちゃん

嫌なことがあると、行動で表します。相手がけがをしないよう、十分に気を付けましょう。

Cちゃん 1歳4か月（女児）	Dちゃん 1歳6か月（男児）
●歩行が安定する。 ●机の上に登ろうとし、段差のあるところはジャンプしようとする。 ●自分の欲求を行動や言葉で伝える。	●保育者の仲介により追いかけっこを楽しむなど、友達の存在を意識し始めている。ただ、玩具を取られそうになると、かみつきやひっかく姿が見られる。 ●オムツが濡れると、オムツをぽんぽんとたたいて保育者に知らせる。
●保育者と一緒に体を動かして遊ぶことを楽しむ。 ●保育者に発語を促されることで、言葉を使うことを楽しむ。	●保育者の仲立ちにより、友達と一緒に遊ぶことを楽しむ。 ●少しずつ、トイレで排泄をする。
●上る、下りる、跳ぶなどの運動を楽しむ。 健 もの ●保育者の語りかけを喜び、簡単な言葉のやり取りを楽しむ。 人	●保育者の仲介の下、友達と一緒に玩具を使って遊んだり、絵本を見たりして遊ぶ。 人 もの ●便器に座ることに慣れる。 健
●「○○ちゃん、待て待て」と言って、ゆったりとした雰囲気の中で走ることを楽しめるようにする。 ●本児の発達の状態を把握し、保育者がやって見せたり、やり方を知らせたりしながら見守り、場に応じた援助をする。	●友達との関わりを楽しむことができる遊びを準備する。また、「○○ちゃんと一緒だね」「嬉しいね」と、友達の存在を意識できるような言葉をかける。 ●オムツが濡れていないときを見計らってトイレに誘い、まずは便器に座ることに慣れるようにする。
●巧技台などの用具を使って、子どもが上ってみたくなるような環境づくりを工夫し、楽しむことができた。 ●子どもの気持ちをゆったりと受け止め、うまく言葉にならないときには、正しい言葉を添えることでやり取りを楽しむことができた。	●友達との関わりが増えた分、手もよく出るようになった。 ●少しずつ便器に座ることに慣れてきた。来月は、トレーニングパンツを準備してもらい、本児の様子に合わせてパンツで過ごす時間もつくっていきたい。

1月 個人案

全身運動をして暖かく過ごす

　寒い時期ですが、動きを誘発する環境をつくり、体を動かす楽しさを味わわせましょう。マットをロール状にしたものの上にもう1枚マットを置いて坂をつくって、ボールを転がしたり、後ろから追いかけたりと、運動を促します。段ボールを利用して自動車をつくって乗ったり、押して歩いたり、中に物を入れたりすると楽しいでしょう。つかまり立ちにも役立ちます。体を動かして暖かく過ごしましょう。

keikaku　P254-255

	Aちゃん 1歳1か月（女児）	Bちゃん 1歳3か月（男児）
前月末の子どもの姿	●つたい歩きでは、手を離して歩こうとする。手押し車を使って歩きたがり、足が交互に1歩ずつ出る。 ●自分の遊んでいるところへ、友達が来ると怒る一方で、友達の遊びが気になり近づく。	●野菜や汁物などの好きな物だけ食べ、ごはんを残すようになった。 ●「ママ」「ワンワン」「せんせい」などの言葉が出て、自発的に保育者と関わろうとする。
◆ねらい	●つかまり立ち、つたい歩きなど、活発に体を動かして遊ぶことを楽しむ。 ●保育者の仲立ちにより、友達との触れ合いを楽しむ。	●落ち着いた雰囲気の中で、保育者と一緒に食事することを喜ぶ。 ●発語しようとする。
★内容	●自分の能力に応じて、体を動かして遊ぶことを楽しむ。 健 ●友達に興味をもち、触れたり、顔を近づけたり、一緒の遊びを楽しむ。 人	●楽しい雰囲気の中、様々な食材を食べる。 健 ●喃語や片言を優しく受け止めてもらい、保育者とのやり取りを楽しむ。 人
保育者の援助	●活動が活発になる一方、戸外で遊ぶ機会も減るので積極的に遊戯室に行き、寒い中でも体を動かして遊ぶことを楽しめるようにする。 ●相手への関心から、友達に手が出てしまうこともあるので、目を離さず見守る。	●楽しい雰囲気づくりを大切にし、保育者が「おいしいね」と言葉をかけて一緒に食べてみせる。 ●喃語や片言には丁寧に応答しながら、はっきりとした言葉で返す。
評価・反省	●動きが活発になったので、十分に移動運動を楽しめるような安全な環境を整えたい。 ●友達を指差して「あーあー」と話すが、他児の口に指を入れたり、目を指差したりするので、注意深く見守りたい。	●苦手なトマトを食べられたときには大いにほめ、食べたくなる雰囲気づくりを心がけた。つぶしてスパゲティのソースにすると食べられた。 ●発語がますます盛んになってきたので、表情豊かに優しく応答し、発語の意欲を育んでいきたい。

　健：健やかに伸び伸びと育つ　人：身近な人と気持ちが通じ合う　もの：身近なものと関わり感性が育つ　を表しています。

 Aちゃん
友達に興味はありますが、まだ関わり方が分かりません。相手が嫌がらないやり方を伝えます。

 Bちゃん
片言で話すことが楽しい時期。聞いて言葉をため込むので、はっきり丁寧に語りかけます。

 Cちゃん
指先を使う経験が少ないCちゃんに、楽しくつまんだり引っ張ったりできる環境をつくります。

Dちゃん
トイレで排尿することにチャレンジ中のDちゃんが、楽しく取り組めることが大切です。

Cちゃん 1歳5か月（女児）	Dちゃん 1歳7か月（男児）
●人形遊びや滑り台といった好きな玩具や遊具、雪や氷などの自然物に自分から関わって遊ぶ。 ●引き出しを開けたり、閉めたり、中に入っている物を出したりする。	●二語文を話すが、友達に何か伝えたいことがあると、「きーきー」と高い声を出して怒り、かみつこうとする。 ●オムツを脱ぐと自らトイレに向かい、便座に座る。
●冬の自然に親しみ、戸外での遊びを楽しむ。 ●指先を使った遊びを楽しむ。	●自分の気持ちが相手に伝わる喜びを味わう。 ●日中はパンツで過ごし、トイレに行って排泄しようとする。
●雪遊びを楽しむ。 もの ●つまむ、積む、引っ張るなど、指先を使って遊ぶ。 もの	●自分の気持ちを保育者に優しく受け止められ、安心して生活する。 人 ●日中はパンツで過ごし、タイミングよくトイレに行く。 健
●雪、氷、霜柱に触れ、「きれいだね」など感じたことを言葉で表し、発見や驚きを見逃さずに受け止め、好奇心や興味を満たすようにする。 ●苦手とするシールはがしは半分はがしておき、成功しやすい環境をつくることで、できた喜びを味わえるようにする。	●自己主張により泣いているときは、抱きしめながら本児の気持ちに「○○だったね」と共感し、受け止める。そして「△△だから○○しようね」と肯定的に伝える。 ●排尿の間隔を把握し、少しずつパンツをはいての生活に慣れるようにする。
●新雪の上にあお向けで倒れたり、氷割りをしたり、冬の遊びを楽しむことができた。 ●指先を使った遊びに集中して楽しむ環境を心がけた。指先が器用になり、自分でシールをはがせるようになった。	●自己主張が見られるようになった。友達への気持ちを保育者が代弁して伝え、かみつきなどを未然に防いでいきたい。 ●タイミングが合えば、トイレで排泄が成功するときもあった。大いにほめると本児も嬉しそうだった。

Part **3** 指導計画

1月 個人案

2月 個人案

お気に入りの絵本を選ぼう

　赤ちゃん絵本を手に取れるところに置き、子どもが自分で選んで見られる環境をつくりましょう。手に取ったら「一緒に見ようね」とひざにのせ、本文を読んだり絵について話したりします。持ち歩いたり、めくったりするのも本と仲良くなる第一歩なので、温かく見守ります。「ワンワン」、「ニャンニャン」、「ブーブー」など、片言を話すチャンスにもなるでしょう。

CD-ROM keikaku → P256-257

	Aちゃん　1歳2か月（女児）	Bちゃん　1歳4か月（男児）
前月末の子どもの姿	●興味のある物を指差し「あーあー」と言ったり、「まんま」「ねんね」「パパ」などの一語文を話したりする。 ●食事面では、好きな物は手づかみで食べるが、口を開けて保育者が口に運ぶのを待つことが多い。	●「お片付けしようね」と誘うと、玩具の片付けができる。 ●うんちが出ると、保育者のそばへ来て知らせようとする。 ●オムツ交換後、ズボンをはかせようとすると自分から足を通す。
◆ねらい	●指差しや、言葉に応答してもらうことで、言語を発することを楽しむ。 ●楽しい雰囲気の中、自分で食事しようとする。	●安心できる保育者の下、自分でしようとする。 ●自分の意思や思いを言葉や態度で伝えようとする。
✲内　容	●応答してもらうことを喜び、一語文を話す。 人 ●保育者や友達と一緒に、楽しい雰囲気の中で食事をする。 健	●保育者の援助により、衣服の着脱に興味をもつ。 健 ●自分の気持ちを安心して表す。 人
保育者の援助	●言葉が盛んに出てくる時期なので、本児の言葉にゆったりと耳を傾け、その場に応じた正しい言葉で応答し、本児の思いを言葉にすることで発語を促す。 ●本児用にスプーンを準備し、自分で食べようという気持ちが育まれる環境を設定する。	●自分でしようとする気持ちを育むよう援助し、心地よさを味わえるようにする。 ●自分の意思や思いを安心して保育者に伝えることができるよう、和やかな雰囲気をつくる。
評価・反省	●意味を含んだ指差しや喃語を発するようになった。本児の気持ちを読み取り、自分の気持ちが人に伝わる嬉しさを感じられるようにした。 ●食事面においては、自分で食べようという気持ちをもてるような援助や環境を見直したい。	●自分の気持ちを保育者に伝えようとする姿が見られる。本児の言葉やしぐさを受け止め、丁寧な受け答えを心がけ、喜びや安心感を得られるように関わることができた。言葉の獲得や、人との関わりを深めるようにしていきたい。

Aちゃん

家庭では食べさせ
てもらっている様子な
ので、自分で食べるこ
とを促していきましょ
う。

Bちゃん

身の回りのことに自
分から興味をもち始め
ています。認めなが
ら促していきましょう。

Cちゃん

排尿を自覚し、伝え
られます。活動の節
目にトイレに誘い、慣
れるようにします。

Dちゃん

思いが通らずくやし
い思いをしています。
できる限り受け止め、
満足できるようにしま
す。

Cちゃん 1歳6か月（女児）	Dちゃん 1歳8か月（男児）
●全身のバランス感覚が育まれ、運動機能が増す。 ●オムツが濡れていることを保育者に伝えるようになる。	●盛んに保育者や友達に話しかける。 ●独占欲から、保育者や玩具を一人占めしたいという気持ちがあり、思い通りにならず、むしゃくしゃする。 ●「これ、○○ね」と食べ物の名前を言う。
●全身を使って遊ぶことを楽しむ。 ●トイレで排泄しようとする。	●自分から片言で話すことを楽しみ、自分の気持ちを伝えようとする。 ●落ち着いた雰囲気の中で、食事を楽しむ。
●上る、下りる、くぐる、跳ぶ、投げるなど、体を十分に使って遊ぶ。 もの ●保育者の誘いで便座に座り、トイレでの排尿に慣れる。 健	●保育者の代弁によって、自分の気持ちを相手に伝える。 人 ●保育者や友達と食事することを喜び、味覚を味わう。 健
●保育室の中に広い空間をつくり、様々な体の動きが楽しめるように遊具を組み合わせる。 ●「○○ちゃん、～できたね」と子どものできた喜びに共感する。 ●トイレには無理のないように誘い、排泄できたときは「おしっこ出たね」と認め、満足感を味わえるようにする。	●友達とのやり取りにもつながるよう「○○ちゃん、～だって」「△△ちゃんも、～ね」など互いの言葉を代弁して伝える。 ●食事の際は、「○○だね、赤いね、酸っぱいね」と食材に興味がもてるように伝える。
●本児のできた喜びに共感することで自信が付き、様々な運動に興味が広がった。 ●排尿の間隔をつかむことで、タイミングが合えばトイレで排尿できるようになった。家庭と連携を図りながら、トレーニングを始めたい。	●自己主張に対しては、自我が芽生える大切な時期であることを保護者と共有し、じっくりと関わるようにした。 ●食べ物の名前や味を伝えると、興味をもって食べるようになった。好き嫌いが出始めたので、食べたくなる環境を設定したい。

Part **3**

指導計画

2月 … 個人案

3月 個人案

成長を確かめ、喜び合おう！

目覚ましい成長を遂げてきた子どもたち。入園した頃からの発達の過程を振り返り、保護者と共に喜び合いましょう。両者の協力関係があったからこそ、子どものすこやかな成長があったのだと感謝を込めて話し、今後も共に育てていくことを確認します。

また、子どもとの絆に感謝し、いつも見守り、応援していることを愛情たっぷりに伝えていきます。

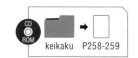

keikaku　P258-259

	😊 Aちゃん 1歳3か月（女児）	😊 Bちゃん 1歳5か月（男児）
前月末の子どもの姿	●一人で歩くことができるようになり、移動運動を楽しむ。 ●フォークに食べ物を刺したり、スプーンにごはんを盛ったりすると、口に運んで食べる。好きな食べ物のみを食べる。遊び食べが見られる。	●友達がトイレでおしっこをする姿に関心があり、自分もトイレへ行こうとする。 ●ズボンをはかせようとすると嫌がり、「自分で!」と言い、自分でしようとする。
◆ ねらい	●自分で食事することを喜ぶ。 ●顔や手が汚れたらふいてもらったり、着脱を行ったりし、きれいになった心地よさを感じる。	●安心できる保育者の下、簡単な身の回りのことを自分でする喜びを味わう。
✳ 内容	●食具を使って食べようとする。[健] ●顔や手をふいたり、衣服を着脱したりして、きれいになった心地よさを感じる。[健]	●安心できる保育者に尿意を伝え、保育者の見守りの中でトイレで排泄しようとする。[健] ●自分でできた満足感を味わう。[人]
保育者の援助	●遊び食べには一対一で丁寧に関わる。フォークに食べ物を刺す感覚を手を添えて知らせ、自分で食べる喜びを味わえるようにする。 ●汚れた際は「気持ち悪かったね」と言葉にして不快感を知らせ、「気持ちいいね」ときれいになった心地よさを感じられるようにする。	●排尿の間隔を把握し、オムツが濡れていないときにはトイレに誘い、便器で排泄することを知らせる。 ●友達のまねをしたがるので、「〇〇ちゃんと一緒だね」と声をかけ、便器でおしっこが出たときには大いにほめ、その場で喜びを共感する。
✐ 評価・反省	●食事では遊び食べが見られたが、一対一で個別に関わることで、一人でフォークなどを使って食べようとし、また、様々な食材を嫌がらずに食べようとすることが多くなった。今後も無理なく進めていきたい。	●排尿の間隔が長くなり、午睡後に尿が出ていないことが増えたので、トイレへ誘うと成功することが多かった。また、友達をまねてスムーズに便座に座ることもできた。できたときには十分にほめ、自分でできる喜びを味わわせたい。

　[健]:健やかに伸び伸びと育つ　[人]:身近な人と気持ちが通じ合う　[もの]:身近なものと関わり感性が育つ　を表しています。

 Aちゃん

食べることに意欲的です。まだかわりばんこに食べることはできないので、援助が必要です。

Bちゃん

自分でしたいことが主張できます。それを尊重しつつ、さり気ない援助で達成感をもたせます。

Cちゃん

身の回りのことを自分でという取り組みを、無理なく進めていくことが大切です。

Dちゃん

苦手な食べ物にも少しずつ慣れていけるように、気長に関わります。

Cちゃん 1歳7か月（女児）	**Dちゃん** 1歳9か月（男児）
●友達のまねをして、何でも「自分で」と言ってやってみようとする。 ●排尿の間隔が長くなり、1回の量が多くなる。	●「自分で」と、様々なことを自分でしたがるが、うまくいかず怒る。 ●苦手な食べ物があると、吐き出すなどして食べない。
●安心できる保育者との関わりの下、身の回りのことを自分でやってみようとする。	●身の回りのことを保育者と一緒にしようとする。 ●嫌いな食べ物も、少しずつ食べようとする。
●保育者の優しい言葉かけや援助で、身の回りのことを自分でしようとする。	●保育者の援助を受けながら、衣服の着脱や食事を自分でしようとする。 健 ●嫌いな物でも、保育者の励ましにより食べてみようとする。 健
●自分でやろうとする姿を認め、うまくできないときにはさり気なく援助することで満足感を味わい、次回への意欲が高まるようにする。 ●保育者や友達と玩具の片付けをしたときは、「みんなで片付けたから、きれいになったね」と、きれいになった心地よさを感じられるようにする。	●自分でやってみようとする気持ちを大切にし、保育者は見守るようにする。また、自分でできたと思えるような援助を行い、自分でできた喜びを味わうことで次への意欲を育む。 ●少しでも苦手な物を食べられたときは大いにほめて認め、嬉しい気持ちを味わうことで次につながるようにする。
●思ったようにできないと、大きな声で泣き、怒っていた本児。うまくできないときには温かく受容し、さり気なく援助することで自信が付いた。次年度の担任に引き継ぐことで、継続的に取り組みたい。	●保育者の励ましで苦手な物も少しずつ口にできた。保育者がほめると他児も拍手し、食べようという気持ちを高められた。

事故防止チェックリスト

 keikaku P260

1	園で使用するベビー用品は、子どもの年齢や使用目的にあったものを選び、取扱説明書をよく読んでいる。	☐
2	子どもの周囲に鋭い家具、玩具、箱などがないか必ず確認し、危険な物はすぐに片付けている。	☐
3	子どもが入っているときは、ベビーベッドの柵を必ず上げている。また、柵には物をかけないようにしている。	☐
4	オムツの取り替えなどで、子どもを寝かせたままにしてそばを離れることはない。	☐
5	子どもを抱いているとき、自分の足元に注意している。	☐
6	子どもを抱いているとき、あわてて階段をおりることはない。	☐
7	寝ている子どもの上に、物が落ちてこないよう安全を確認している。	☐
8	ミルクを飲ませた後は、ゲップをさせてから寝かせている。	☐
9	よだれかけをはずしてから、子どもを寝かせている。	☐
10	ベビーベッドの柵とマットレス、敷布団の間にすき間のないことを確認している。	☐
11	敷布団は硬めのものを使用している。	☐
12	子どもを寝かせるときはあお向けに寝かせ、常にそばに付いて子どもの状態を観察している。	☐
13	午睡時の換気および室温などに注意している。	☐
14	ドアを勢いよく開閉することがないようにしている。	☐
15	ドアのちょうつがいに、子どもの指が入らないように注意している。	☐
16	ドアをバタバタさせるなど、ドアの近くで遊ばせないようにしている。	☐
17	子ども用の椅子は、安定のよいものを使用し、食卓椅子から降ろす際は、足の抜き方に注意している。	☐
18	子どもがお座りをするそばに、角や縁の鋭いものは置かないようにしている。	☐
19	椅子に座っている際に急に立ち上がったり、倒れたりすることがないように注意している。	☐
20	つかまり立ちをしたり、つたい歩きをしたりするときは、そばに付いて注意している。	☐
21	口に物をくわえて歩行させないようにしている。	☐
22	子どもは保育者の後追いをすることがあるので、保育者の近くに子どもがいないか注意している。	☐
23	敷居や段差のあるところを歩くときは、つまずかないように注意している。	☐
24	子どもの足にあったサイズの靴か、体にあったサイズの衣類かを確認している。また、靴を正しくはいているか確認している。	☐
25	子どもの腕を、保育者や年上の子どもが強く引っぱることがないようにしている。	☐
26	ほふく床面に損傷、凹凸がないか確認している。	☐
27	子どもが直接触れてやけどをするような暖房器具は使用していない。また、子どもが暖房器具のそばに行かないように気を付けている。	☐
28	遊具の衛生面と安全面に特に配慮している。	☐
29	口の中に入ってしまう小さな玩具を、子どもの手の届くところに置いていない。	☐
30	ビニール袋、ゴム風船は、子どもの手の届かないところにしまっている。	☐
31	バケツや子ども用プールなどに、水をためて放置することはない。	☐
32	沐浴やシャワー中の子どものそばから離れないようにしている。また、事前に温度確認をしている。	☐
33	ボール遊びでは勢いあまって転倒することがあるので、周囲の玩具などに注意している。	☐
34	バギーに乗せるときは深く腰かけさせ、安全ベルトを使用し、そばから離れないようにしている。	☐
35	砂を口に入れたり、誤って砂が目に入ったりすることがないように、気を付けている。	☐
36	ウサギや小動物の小屋には、手を入れないように注意している。	☐

おたよりも
これで安心！

Part **4**

クラス運営の
ヒント

テンプ
レート

おたより
イラスト

おたより
文例

マーク・
メダル

メッセージ
フレーム

おたより

● **クラスだより／A4サイズ** O-P262

ひよこぐみ通信

〇年〇月〇日 〇〇〇〇園
5月のクラスだより

POINT

本文と季節のイラストを組み合わせると、目を引き、親しみやすい印象を与えます。

　慣らし保育期間では、泣いて過ごしていた子どもたち。入園から1か月が過ぎて、少しずつ環境に慣れ、みんな笑顔で遊んでいます。園では、子どもたち一人ひとりの心の動きを読みとり、見守りながら、成長の過程を見極めて日々、保育をしています。〇日には、今年度初めての親子行事として運動会を行いますので、親子で楽しんでいただきたいと思います。

5月の予定	5月の歌	5月生まれのお友だち
〇月〇日（△）運動会	♪こいのぼり	☆いしかわ じゅんくん
〇月〇日（△）懇談会	♪ことりのうた	☆すざき りなちゃん
〇月〇日（△）お誕生会	♪しゃぼんだま	☆もり あゆとくん
〇月〇日（△）身体測定	♪めだかの学校	

POINT

かざり枠を効果的に使い、最近あったいくつかのトピックスを短い文章で組み合わせて伝えましょう。

 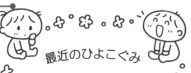

最近のひよこぐみ

◆人気の手あそびは「いっぽんばしこちょこちょ」。くすぐると、キャッキャッとかわいい笑い声が部屋中にあふれています。

◆紙で作ったかぶとをかぶって、こどもの日の写真撮影をしました。子どもたちは、たくましい表情を見せてくれましたよ。

お願い

お部屋の入口の近くに掲示ボードがあります。園からのお知らせや、子どもたちの1日のようすがわかる写真を貼っていますので、降園時にぜひご覧ください。

懇談会を行います

　〇月〇日（△）に懇談会を予定しています。詳細は別紙プリントにてお知らせします。ぜひご参加ください。

毎月のクラスだよりや行事のおしらせなど、保育者にとって
おたより作りは欠かせない仕事のひとつです。テンプレート
を参考に、保護者に情報が伝わるおたよりを作りましょう。

CD ROM　otayori → P262-263

● 持ち帰りのおしらせ／A5サイズ　0-P263-01

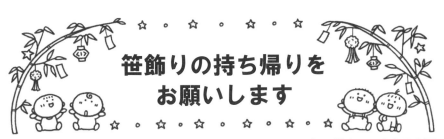

笹飾りの持ち帰りを　お願いします

〇年〇月〇日　〇〇〇〇園

先日、七夕の笹飾りを作りました。〇〇〇ぐみの子どもたちはスイカに挑戦。指に少しだけ絵の具をつけて、ペタペタと種をスタンプしました。できあがった飾りは、先日保護者の方に書いていただいた短冊といっしょに笹に飾りました。ロッカーに飾りと短冊を入れておきますので、持ち帰ってご家庭でもぜひ飾ってみてください。

製作レポ！

指についた絵の具を不思議そうにじーっと見つめる子や、最初はイヤイヤと首を振っていたのに、保育者といっしょにするうちに、一人でペタペタできる子も。思い思いに製作活動を楽しんでいました。

POINT

製作レポを入れることで、保護者にもわかりやすく園の活動を知らせることができます。

● 行事のおしらせ／A5サイズ　0-P263-02

〇年〇月〇日　〇〇〇〇園

クリスマス会の　お知らせ

POINT

かざり罫を活用し、わくわく感を演出！ イラストサイズを調整し、余計な余白はなくしましょう。

今年もあと残りわずかとなりましたが、本年度のまとめを兼ねて、クリスマス会を行います。もうご覧になっているかと思いますが、保育室にも大きなクリスマスツリーを飾りました。子どもたちは、すぐにツリーの周りに集まり、星を指さして「キラキラ」、サンタクロースを見ては「じぃじ」と楽しそうです。当日は子どもたちのリズム劇の発表もありますので、ぜひ見にいらしてください。

★日時★
〇月〇日　（△）〇時〜〇時

Part 4 クラス運営の ヒント

おたより

● クラスだより／B4サイズ　0-P264

POINT

横長のかざり枠はお
たよりのタイトルにぴ
ったり。園名や発行
月も間違いなく書き
ましょう。

3月 ひよこぐみだより

〇年〇月〇日　〇〇〇〇園　3月のクラスだより

　園庭に穏やかな日差しが差し込み、日々成長
している子どもたちに「大きくなったね」と話
しかけてくれているかのようです。可愛い子ど
もたちと過ごしたこの一年間は、保護者の方々
の支えがあったからこそ幸せな時間となりまし
た。なにかと行き届かないことも多く、ご迷惑
をおかけしましたが、温かく見守って頂き、本
当にありがとうございました。

今月の予定

〇月〇日（△）ひな祭り集会
〇月〇日（△）お別れ会
〇月〇日（△）修了式
〇月〇日（△）内科健診

今月の歌

♪うれしいひな祭り
♪ぶんぶんぶん
♪おはながわらった
♪ちょうちょう

衣服に関して

＊身の回りのことを自分でやって
みようとする姿が見られます。着
脱しやすい衣服のご用意をお願い
します。

＊厚着をすると汗をかきやすくな
ります。薄着を心がけましょう。

POINT

小さなイラストを空
いた箇所に配置する
ことで、空白が目立
たなくなります。季
節感を大切に。

＊ B4サイズの大きなおたよりは読みやすい配置を心がけ、詰め込みすぎないように構成しましょう。

otayori → P264-265

この一年を
振り返って…

歩いたり、歌ったり、踊ったり…。この一年間で、いろいろなことができるようになりました。みんな、目をみはる成長ぶりですね。子どもたちと泣いたり笑ったりして過ごした一年でした。いつもサポートしてくださった保護者の皆様、ありがとうございました。

POINT

イラストが多いとごちゃごちゃとして読みにくくなります。吹き出しの見出しも効果的に使用して。

移行期間について

4月からは、りすぐみになります。園では3月から4月に向け、環境が急変しないように移行期間を設け、新年度の生活時間や環境を設定していきます。子どもたちが安心して次の生活へ移行できるよう配慮していきます。

＊＊＊＊＊＊＊＊＊＊＊＊＊

◆期間◆
〇月〇日（△）～〇月〇日（△）
◆担任◆
〇歳児　〇〇、〇〇、〇〇

＊＊＊＊＊＊＊＊＊＊＊＊＊

ありがとうございました

先日行われた保護者会にご参加いただきありがとうございました。園でのようすをお伝えしたり、ご家庭でのようすをお話しいただき、和やかな会となりました。また何かありましたらお気軽に園へお知らせください。

お願い

新年度へ向けて先日お渡しした書類の提出をお願いします。また、園児台帳や緊急時連絡先に変更がある場合も必ず修正をお願いします。

POINT

事務的なおしらせは後半に。文字の大きさやフォントでメリハリをつけるのもおすすめです。

ひな祭り製作をしました！

手形を使って、おひなさまを作りました。ロッカーの上に飾ってありますのでぜひご覧ください。

POINT

かざり枠内で文字の大きさを変え、タイトルと文章を組み合わせるのも変化があって楽しい紙面に。

0-P266-04

0-P266-01

0-P266-02

0-P266-03

0-P266-05

0-P266-06

0-P266-07

0-P267-08

0-P266-10

0-P266-11

0-P266-09

ご入園おめでとうございます
0-P266-12

おたんじょうび おめでとう
0-P266-13

0-P266-14

文例

0-P266-15　担任のあいさつ

○○組の担任になりました、○○○○です。昨年は年長組を受けもっておりましたが、久しぶりの乳児組。赤ちゃんの小さな手や、つぶらな瞳にまた出会え、毎日嬉しい気持ちでいっぱいです。一人ひとりと心を通わせながら、子どもたちがのびのびと過ごせるよう、気持ちも新たに保育に取り組みたいと思っています。一年間、よろしくお願いいたします。

0-P266-16　新年度スタート

園庭の花々が咲きそろい、新年度が始まりました。子どもたちの元気いっぱいのエネルギーを、成長の原動力にしていきたいです。

0-P266-17　入園後のようす

保育室に入ると、まだ泣き出す子が多いのですが、パペットのごあいさつには、笑顔が見られるようになりました。

0-P266-18　初めての園生活

初めての園生活に戸惑うことも多いかと思いますが、職員全員でサポートし、日々の子どもたちの育ちに寄り添って参ります。

0-P266-19　体調の変化に注意

0歳児は、急に体調が変化することがあります。朝の食欲や排せつなど、気がかりなことがあれば登園時にお知らせください。

5月

CD ROM　otayori → P267

0-P267-04

0-P267-01

0-P267-02

0-P267-03

0-P267-06

0-P267-07

0-P267-08

0-P267-05

0-P267-09

0-P267-10

0-P267-11

0-P267-14

0-P267-12

0-P267-13

0-P267-15

文例

0-P267-16　入園から一カ月が過ぎました

慣らし保育期間では、泣いて過ごしていた子どもたち。入園から1か月が過ぎて、少しずつ環境に慣れ、みんな笑顔で遊んでいます。園では、子ども一人ひとりの心の動きを読みとり、見守りながら、成長の過程を見極めて日々、保育をしています。〇日には、今年度初めての親子行事として運動会を行いますので、親子で楽しんでいただきたいと思います。

0-P267-17　かぶとで写真撮影

紙で作ったかぶとをかぶって、こどもの日の写真撮影をしました。子どもたちは、たくましい表情を見せてくれましたよ。

0-P267-18　人気の手あそび

人気の手あそびは「いっぽんばしこちょこちょ」。くすぐると、キャッキャッとかわいい笑い声が部屋中にあふれています。

0-P267-19　はいはい

はいはいを始めた子どもたち。その場でグルグル回る子、ほふく前進する子、座って移動する子など、動きは各自個性的です。

0-P267-20　外気浴の季節

外気浴が気持ちのよい季節になりました。落ち着いているときを見計らって、少しずつ外の空気や景色を楽しんでいます。

Part 4 クラス運営のヒント おたより

CD ROM　otayori → P268

0-P268-04

0-P268-01

0-P268-02

0-P268-03

0-P268-05

0-P268-06

0-P268-07

0-P268-08

0-P268-09

0-P268-10

0-P268-11

0-P268-13

0-P268-12

0-P268-14

0-P268-15

文例

0-P268-16　保育参観

子どもたちもすっかり園生活に慣れ、その成長ぶりには目をみはります。はいはいをしていた子が立ち上がったり、犬を見て、「アー」と指差していた子が「ワンワン」と言えるようになったり……。保育室には、毎日感動がいっぱい！　そんな子どもたちの姿を、ぜひ見にいらしてください。親子でふれあいながらの保育参観を行います。

0-P268-17　てるてるぼうず

雨降りが続き、子どもたちはガラス窓に顔を寄せて外を眺めています。てるてるぼうずを飾って晴れをお願いしました。

0-P268-18　雨の日の室内あそび

雨の日には、段ボールのトンネルをくぐったりマットを重ねて山登りをしたり。お部屋でたっぷり体を動かしています。

0-P268-19　保育参観のお願い

○○組の保育参観では、お子さんの日常の姿をご覧いただくため少し離れたところから見守っていただきたいと思います。

0-P268-20　園庭のサクランボ

園庭のサクラの木に、かわいらしい実がなりました。保育者に抱っこされながら、子どもたちも興味津々で眺めています。

CD ROM otayori → P269

0-P269-04

0-P269-01

0-P269-02

0-P269-03

7月生まれのお友だち

0-P269-05

0-P269-06

0-P269-07

0-P269-08

0-P269-09

0-P269-10

0-P269-11

0-P269-11

0-P269-09

0-P269-12

0-P269-13

0-P269-14

0-P269-15

✦✦✦✦ **文 例** ✦✦

0-P269-16　水遊びが始まります

真夏の日ざしが輝き始めると、いよいよ水遊びの季節です。やわらかい水の感触や、冷たい肌ざわりは、子どもたちの心を解放し、体の動きも活発になります。小さいプールに入り、手足に水をかけたり、おもちゃを水に浮かべたりするなど、楽しみながら水に親しみたいと思います。毎朝の検温と体調チェックをよろしくお願いいたします。

0-P269-17　いたずらパワー全開

つかまり立ちで笹飾りを引っ張ったり、水道のお水を触って水びたしにしたり……。暑さに負けず、いたずらパワー全開の夏です。

0-P269-18　水遊びを楽しんでいます

顔に水がかかると泣いていた子どもたちも、日に日に水遊びが楽しくなってきました。夏ならではの遊びを楽しんでいます。

0-P269-19　水分補給

暑さが続いて、じっとしているだけでも汗が出てきます。特に乳児は多量の汗をかくので、白湯などで水分補給をしましょう。

0-P269-20　着替えを多めに

汗をかいたり、プールがあったり、夏は普段より着替えの回数が多くなります。下着やシャツの着替えを多めにご用意ください。

otayori → P270

0-P270-04

8月生まれのお友だち

0-P270-01

0-P270-02

0-P270-03

0-P270-05

0-P270-06

0-P270-07

0-P270-08

0-P270-09

0-P270-10

0-P270-11

夏祭り

0-P270-12

0-P270-13

0-P270-14

0-P270-15

文例

0-P270-16　夏の汽車ポッポ

暑い夏、水遊びが楽しい季節到来です。緊張した面持ちだった子どもたちも、水面を「パチャパチャ」と叩いてみては、音を楽しんだり、驚いたり。友だちの水しぶきが飛んでくると、眉を寄せている表情がなんとも言えないほど愛おしいです。一人一人それぞれのカラフルなたらいは、連結した汽車ポッポのよう。今日も可愛い笑顔を乗せて出発進行！

0-P270-17　風鈴

時折鳴る風鈴の音がみんなのお気に入り。どんなに遠くにいても「チリン」と鳴るたびに、はいはいで集まってきます。

0-P270-18　セミの声

保育室の網戸にセミがとまって鳴き始めました。その大音量に驚いた様子の子どもたち。思わず泣くのを忘れるほどでした。

0-P270-19　着替えの用意のお願い

赤ちゃんは汗かきさん。ミルクを飲んでひと汗かいて、お昼寝から起きるとまた汗びっしょり。着替えを多めにご用意ください。

0-P270-20　夏祭りのお礼

夏祭りは、大好評のうちに終了しました。かき氷作りにご尽力いただきました保護者の皆様、ありがとうございました。

9月

CD ROM otayori → P271

えんだより

0-P271-04

0-P271-01

0-P271-02

0-P271-03

0-P271-05

0-P271-06

0-P271-07

0-P271-08

0-P271-09

0-P271-10

0-P271-11

0-P271-12

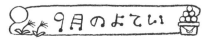

0-P271-13

0-P271-14

0-P271-15

文 例

0-P271-16　楽しい感触遊び

保育者や友だちといっしょに外気浴に出かけることが多くなりました。今月は気持ちのよい天気の日を選んで、砂・泥・水に直接触れて感触遊びをしたいと思います。汚れてもよい服（シャツ、ズボン）をビニール袋に入れてお持ちください。感触遊びは子どもの感性の発達に欠かせないものです。随時、子どもたちの様子を発信して参りますのでお楽しみに。

0-P271-17　季節の変わり目

暑い日が続きましたが、子どもたちは疲れることなくフル稼働です。季節の変わり目、体調を崩さないようにお気をつけください。

0-P271-18　言葉が増えました

言葉の数が増えてきた○○組さん。同じ言葉でも「ワンワン」「ワーン」など、それぞれが個性的な表現をしています。

0-P271-19　絵本の貸し出し

毎週絵本の貸し出しをしています。新しい絵本も増えました。ご家庭での絵本タイムに、ぜひ活用してください。

0-P271-20　水遊びも発達の証

水遊びでは、ひよこのおもちゃが大人気。おなかを押して、水を出しては「出た!」と大喜び。これも指の発達の証なのです。

271

食育だより

0-P272-04

ハロウィン

0-P272-01

0-P272-02

0-P272-03

0-P272-05

0-P272-06

0-P272-07

0-P272-08

NG

0-P272-09

0-P272-10

0-P272-11

0-P272-12

0-P272-13

0-P272-14

運動会

0-P272-15

文例

0-P272-16　運動会のおしらせ

○日の運動会には、○○組は午前中のみ参加します。勝ち負けのある競技ではなく、普段楽しんでいる運動遊びを披露しますので、子どもたちの成長をご覧ください。テーマは「こんなことできるよ!」。マットでゴロゴロ、坂道をトコトコ、地面に置いたロープをジャンプ!たくさんの人の前で緊張するかもしれませんが、子どもたちに温かい声援と拍手をお願いします。

0-P272-17　絵本大好き

最近のみんなのお気に入りは絵本。絵を指さすと保育者が「ニャンニャンだね」などと答えるこのやりとりが楽しいようです。

0-P272-18　はいはいでダッシュ

はいはいが始まった子どもたちは、あっという間にスピードアップ。お気に入りのおもちゃに向かってダッシュしていきます。

0-P272-19　離乳食

食べることを楽しめるように、すりつぶしたものから形のあるものへ、それぞれの成長に合わせて離乳食を進めています。

0-P272-20　すべり台に挑戦

ハイハイや歩行が上手になってきた子どもたちは、少しずつすべり台にも挑戦。身体を動かすことが大好きです。

CD ROM otayori → P273

えんだより

0-P273-04

0-P273-01

0-P273-02

0-P273-03

0-P273-05

0-P273-06

0-P273-07

0-P273-08

0-P273-09

0-P273-10

0-P273-11

もうすぐ冬

0-P273-12

0-P273-13

0-P273-14

0-P273-15

文例

0-P273-16　個人面談のおしらせ

個人面談では、今学期のお子様の様子や、今、興味をもっていること、お友だちとの関わりなどについて、園での姿を具体的にお話させていただきたいと思います。また、ご家庭でのお子様の様子や、お困りのことなどがありましたら、ぜひお気軽にお聞かせください。日程表を配布いたしますので、希望日時のご記入をお願いします。

0-P273-17　段ボール大好き

大きな段ボール箱のトンネルに次々と子どもたちが入って中はぎゅうぎゅう。押し合いながらも楽しさいっぱい、満面の笑みです。

0-P273-18　薄着の習慣を

厚着をしすぎると、汗をかいて体を冷やしてしまい、かえって風邪をひくことがあります。薄着の習慣を身につけましょう。

0-P273-19　秋の園庭で

お兄さんお姉さんの姿を見て、「あ！」「あ！」と声をかけています。「いっしょに遊ぼう！」と、手をつないで探検へ出発しました。

0-P273-20　ランチ会

保育者と一対一で食べていたごはん。友だちといっしょにランチ会デビューをしました。食べる楽しさが伝わっているようです。

CD ROM　otayori → P274

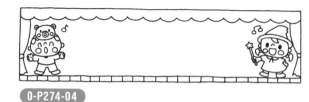

0-P274-04

0-P274-01

Merry Xmas

0-P274-02

0-P274-03

0-P274-05

0-P274-06

0-P274-07

0-P274-08

0-P274-09

0-P274-10

0-P274-11

0-P274-12

0-P274-13

0-P274-14

0-P274-15

文例

0-P274-16　クリスマス会

保育室に、大きなクリスマスツリーを飾りました。登園してきた子どもたちは、すぐにツリーの周りに集まってきます。星を指さして「キラキラ」、サンタクロースを見ては「じいじ」と楽しそうです。本年度のまとめを兼ねて、クリスマス会を行います。子どもたちのリズム劇の発表もありますので、保護者のみなさまもぜひ見にいらしてください。

0-P274-17　初めての雪

初めて見る雪はふれると冷たく、すぐに消えてしまう魔法のようです。何度も触ってみては、みんな不思議そうな顔をしています。

0-P274-18　サンタに大喜び

赤い帽子に赤い服のサンタさんが登場して、プレゼントを配ると子どもたちは大歓声。クリスマス会は一気に盛り上がりました。

0-P274-19　音楽に触れて

5歳児が練習する合奏の音色が保育室にまで聞こえてきました。子どもたちは心地よさそうに、体を揺らして聞いていました。

0-P274-20　わらべ歌に触れて

ピアノ伴奏がなくても気軽に歌え、テンポが緩やかなわらべ歌は、子どもたちも保育者も、心が穏やかになります。

えんだより

0-P275-04

0-P275-01

0-P275-02

0-P275-03

0-P275-05

0-P275-06

0-P275-07

0-P275-08

0-P275-09

1月

0-P275-10

0-P275-11

0-P275-12

0-P275-13

0-P275-15

0-P275-14

文例

0-P275-16　伝承遊びを教えてもらいました

園では4・5歳児のお兄さん、お姉さんたちが凧あげ・お手玉・コマ回しなどの伝承遊びを楽しんでいます。園庭でいっしょになった際、〇〇組のみんなにも凧を見せてくれました。たこをいっしょに見上げている子どもたちの姿は、微笑ましいものでした。お手玉やコマは、保育室入り口にもございますので、保護者の皆様も是非お手に取ってお子様と遊んでみて下さい。

0-P275-17　5歳児さんとのふれあい

5歳児さんが遊びにきてくれました。あやし上手な年長さんにみんなななついて、泣いていた子もいつの間にか笑顔になりました。

0-P275-18　新春のあいさつ

保護者の皆様、お健やかに新しい年をお迎えのことでしょう。今年も職員一同、心を合わせて保育に取り組んでまいります。

0-P275-19　音楽を楽しんでいます

保育者と歌あそびに夢中な子どもたち。馴染みのある曲に合わせて体を揺らし、音楽に触れることを楽しんでいます。

0-P275-20　気持ちの伝え方

友達との関わりが少しずつ増えてきました。玩具の取り合いもありますが、「あー」と大きな声を出して葛藤を表現しています。

CD ROM otayori → P276

0-P276-04

2月生まれのお友だち

0-P276-01

0-P276-02

0-P276-03

0-P276-05

0-P276-06

0-P276-07

0-P276-08

0-P276-09

0-P276-10

0-P276-11

節分
0-P276-12

0-P276-13

0-P276-14

0-P276-15

文例

0-P276-16　保護者会のおしらせ

今年度最後の保護者会を開きます。園生活が始まって、お子様の様子で気がかりになっていることはありませんか。子育ての悩みや、おうちの方の不安や心配など、どなたにも共通している場合があります。皆さんで話し合うことで、新たに気づき、共通理解できることもあります。また、日中の保育のようすをビデオでご覧いただけるように用意しました。ぜひご参加ください。

0-P276-17　鬼にびっくり

豆まき大会では、鬼の登場に子どもたちは大興奮でした。みんな保育者にしがみつき、泣くのも忘れて目を真ん丸にしていました。

0-P276-18　作品展の説明

0歳児クラスの作品は、点々や線がだんだん力強くなって、意味のある形へ変化することがわかる作品です。

0-P276-19　どんな感じ？

初めて手足に絵の具をつけました。目をまん丸にしてみたり、肩をすくめてみたり。新鮮な感覚を楽しめたようです。

0-P276-20　無病息災を願って

お楽しみ会で保育室に獅子舞が来ました。びっくりした面持ちの子どもたちも、ゆっくりと近付いてそっと撫でていました。

CD ROM　otayori → P277

0-P277-04

0-P277-01

0-P277-02

0-P277-03

0-P277-06

0-P277-07

0-P277-08

0-P277-05

0-P277-09

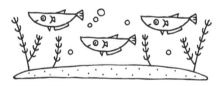
0-P277-10

0-P277-11

0-P277-12

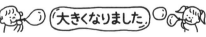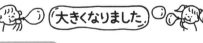
大きくなりました
0-P277-13

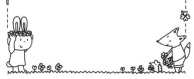
0-P277-14

0-P277-15

文例

0-P277-16　年度末のお礼

園庭に穏やかな日差しが差し込み、日々成長をしている子どもたちに「大きくなったね」と話しかけてくれているようです。可愛い子どもたちと過ごしたこの一年間は、保護者の方々の支えがあったからこそ幸せな時間となりました。なにかと行き届かないことも多く、ご迷惑をおかけしましたが、温かく見守って頂き、本当にありがとうございました。

0-P277-17　成長しました

歩いたり、歌ったり、踊ったり…。この一年間で、いろいろなことができるようになりました。目をみはる成長ぶりです。

0-P277-18　保護者へのお礼

子どもたちと泣いたり笑ったりして過ごしたこの一年。いつもサポートしてくださった保護者の皆様、ありがとうございました。

0-P277-19　書類のお願い

新年度へ向けて書類の提出をお願いします。また、園児台帳や緊急時連絡先に変更がある場合も必ず修正をお願いします。

0-P277-20　お下がり交換会を実施します

サイズアウトした子ども服・靴・帽子・レインコートなどをお持ちください。持参がない場合は持ち帰るのみでもかまいません。

マーク・メダル

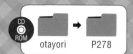

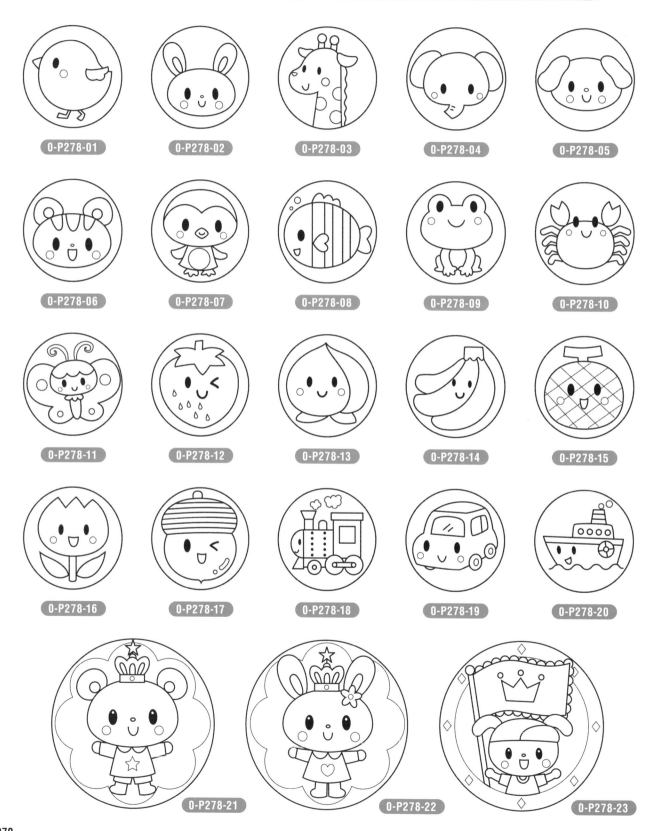

0-P278-01

0-P278-02

0-P278-03

0-P278-04

0-P278-05

0-P278-06

0-P278-07

0-P278-08

0-P278-09

0-P278-10

0-P278-11

0-P278-12

0-P278-13

0-P278-14

0-P278-15

0-P278-16

0-P278-17

0-P278-18

0-P278-19

0-P278-20

0-P278-21

0-P278-22

0-P278-23

0-P279-01

0-P279-02

0-P279-03

0-P279-04

0-P279-05

0-P279-06

コピー用
型紙

44ページからの製作あそび、52ページからの壁面かざりの型紙です。必要
な大きさにコピーをして、ご活用ください。「seisaku00-00」は、CD-ROM
に収録しているPDFのファイル名・フォルダ名です。

P.44 テントウムシの メダル

名札 ➡ seisaku44-01

P.44 丸シールの チョウチョウ

体 ➡ seisaku44-02

P.45 手形&足形こいのぼり

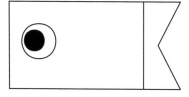

体 ➡ seisaku45-01

矢車 ➡
seisaku45-01

P.45 ふっくらこいのぼり

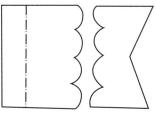

こいのぼり ➡ seisaku45-02

名札 ➡
seisaku45-02

━ ━ ━ 山折り

P.46 綿棒スタンプの傘

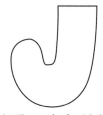

持ち手 ➡ seisaku46-01

しずく ➡
seisaku46-01

P.46 粘土で作る手形の魚

名札 ➡
seisaku46-02

ひれ ➡
seisaku46-02

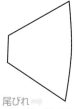

尾びれ ➡
seisaku46-02

P.47 共通

星 ➡ seisaku47-01

P.48 綿で作るふわふわヒツジ

顔 ➡ seisaku48-01

ベル ➡
seisaku48-01

足 ➡
seisaku48-01

名札 ➡
seisaku48-01

P.49 クレヨンと丸シールのツリー

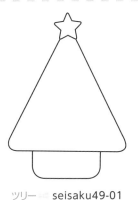

ツリー　seisaku49-01

P.49 おいしそうなミカン

へた　eisaku49-02

P.50 手形のおにのお面

おに　seisaku50-01

P.50 ビニールテープぺたぺた豆入れ

おに　seisaku50-02

P.51 モビールおひなさま

おひなさま　seisaku51-01

※ 体は、おだいりさまと共通です。

おだいりさま　seisaku51-01

P.51 スズランテープのおひなさま

扇　seisaku51-02

冠　seisaku51-02

しゃく　seisaku51-02

烏帽子　seisaku51-02

P.52 イチゴつみ楽しいな

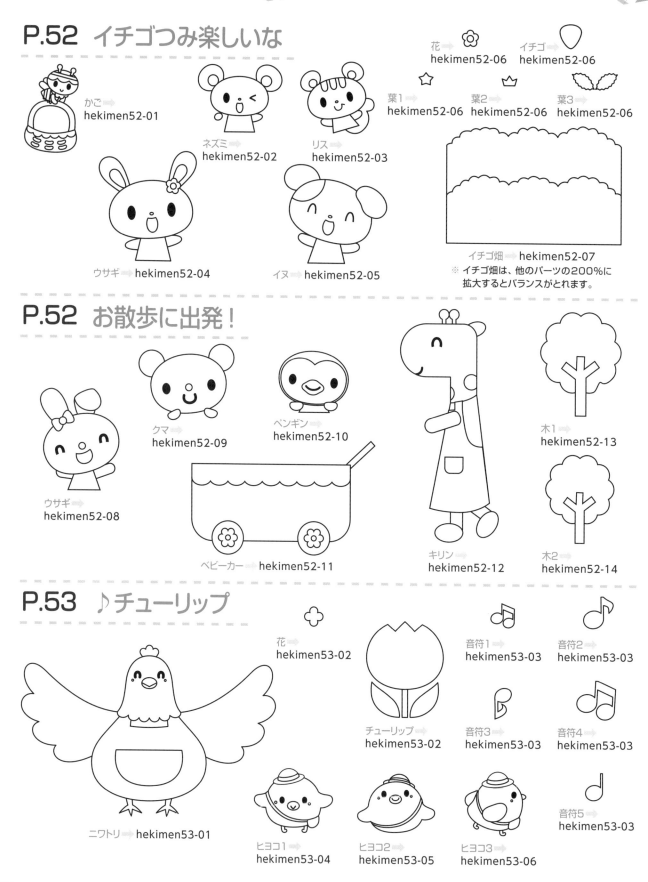

かご➡
hekimen52-01

ネズミ➡
hekimen52-02

リス➡
hekimen52-03

花➡
hekimen52-06

イチゴ➡
hekimen52-06

葉1➡
hekimen52-06

葉2➡
hekimen52-06

葉3➡
hekimen52-06

ウサギ➡ hekimen52-04

イヌ➡ hekimen52-05

イチゴ畑➡ hekimen52-07
※ イチゴ畑は、他のパーツの200%に
拡大するとバランスがとれます。

P.52 お散歩に出発！

ウサギ➡
hekimen52-08

クマ➡
hekimen52-09

ペンギン➡
hekimen52-10

ベビーカー➡ hekimen52-11

キリン➡
hekimen52-12

木1➡
hekimen52-13

木2➡
hekimen52-14

P.53 ♪チューリップ

花➡
hekimen53-02

チューリップ➡
hekimen53-02

音符1➡
hekimen53-03

音符2➡
hekimen53-03

音符3➡
hekimen53-03

音符4➡
hekimen53-03

音符5➡
hekimen53-03

ニワトリ➡ hekimen53-01

ヒヨコ1➡
hekimen53-04

ヒヨコ2➡
hekimen53-05

ヒヨコ3➡
hekimen53-06

P.53 入園おめでとう!

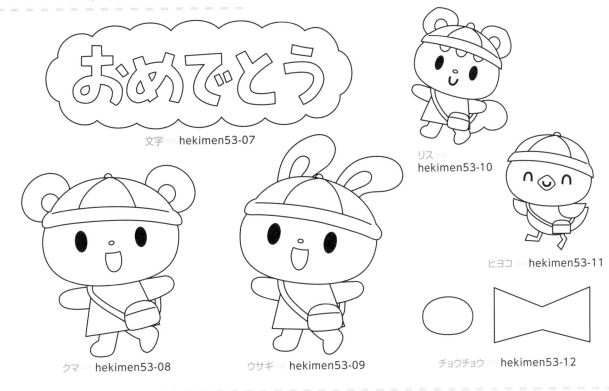

文字 → hekimen53-07

リス → hekimen53-10

クマ → hekimen53-08

ウサギ → hekimen53-09

ヒヨコ → hekimen53-11

チョウチョウ → hekimen53-12

P.54 ♪あめふりくまのこ

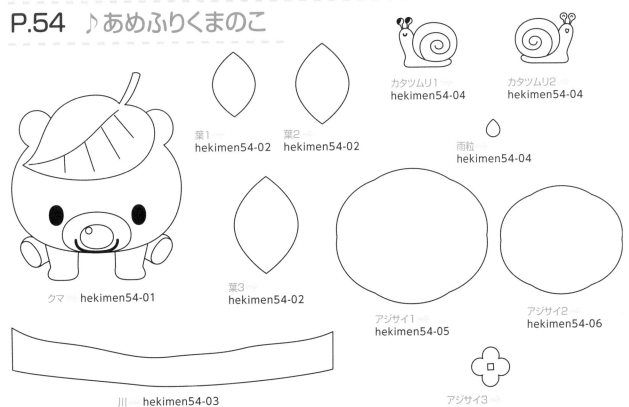

葉1 → hekimen54-02

葉2 → hekimen54-02

カタツムリ1 → hekimen54-04

カタツムリ2 → hekimen54-04

雨粒 hekimen54-04

クマ → hekimen54-01

葉3 → hekimen54-02

アジサイ1 → hekimen54-05

アジサイ2 → hekimen54-06

川 → hekimen54-03

アジサイ3 hekimen54-06

※ 川は、他のパーツの200%に拡大するとバランスがとれます。

P.54　ゾウさんシャワー

太陽 → hekimen54-07

鳥 → hekimen54-08

ゾウ → hekimen54-09

水しぶき1 →
hekimen54-14

水しぶき2 →
hekimen54-14

水しぶき3 →
hekimen54-14

水しぶき4 →
hekimen54-14

ウサギ → hekimen54-10

ネズミ → hekimen54-11

ビーチボール → hekimen54-12

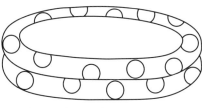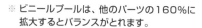

ビニールプール → hekimen54-13

※ ビニールプールは、他のパーツの160%に
拡大するとバランスがとれます。

水たまり1 →
hekimen54-14

水たまり2 →
hekimen54-14

P.55　お昼寝タイム

太陽 →
hekimen55-01

サル1 →
hekimen55-02

サル2 →
hekimen55-02

雲 →
hekimen55-03

※ 反対向きの
やしの木は、
反転コピーを
してください。

カニ1 →
hekimen55-05

カニ2 →
hekimen55-05

やしの木 →
hekimen55-06

ハンモックと子ども → hekimen55-04

砂浜 → hekimen55-07

※ やしの木、砂浜は、他のパーツの200%に
拡大するとバランスがとれます。

P.55　海をスイスイ

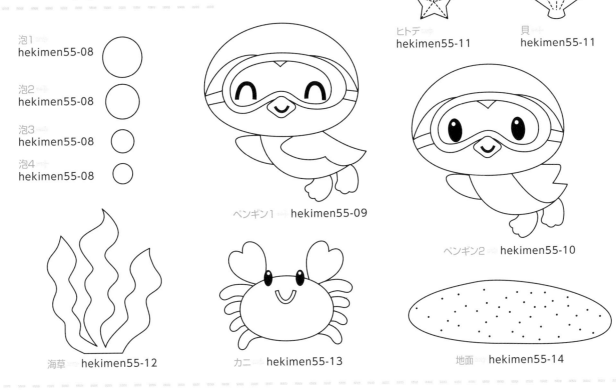

泡1
hekimen55-08

泡2
hekimen55-08

泡3
hekimen55-08

泡4
hekimen55-08

ヒトデ
hekimen55-11

貝
hekimen55-11

ペンギン1　hekimen55-09

ペンギン2　hekimen55-10

海草　hekimen55-12

カニ　hekimen55-13

地面　hekimen55-14

P.56　ブドウが実ったよ

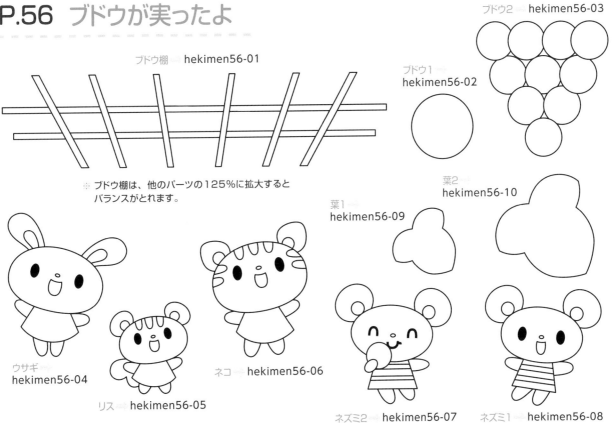

ブドウ棚　hekimen56-01

※ ブドウ棚は、他のパーツの125%に拡大すると
　バランスがとれます。

ブドウ2　hekimen56-03

ブドウ1
hekimen56-02

葉2
hekimen56-10

葉1
hekimen56-09

ウサギ
hekimen56-04

リス　hekimen56-05

ネコ　hekimen56-06

ネズミ2　hekimen56-07

ネズミ1　hekimen56-08

P.56 落ち葉であそぼう

葉1➡
hekimen56-13

葉2➡
hekimen56-13

葉3➡
hekimen56-13

木1➡
hekimen56-11

木2➡
hekimen56-12

※ 木1・2は、
他のパーツの
200%に拡大すると
バランスがとれます。

リス➡ hekimen56-14　　小鳥➡ hekimen56-15　　タヌキ➡ hekimen56-16　　キツネ➡ hekimen56-17

P.57 果物列車が出発!

リンゴ➡
hekimen57-04

ドングリ➡
hekimen57-03

列車➡
hekimen57-02

クマ➡
hekimen57-01

リス➡
hekimen57-05

小鳥1➡
hekimen57-06

小鳥2➡
hekimen57-06

クリ➡
hekimen57-10

カキ➡ hekimen57-11

ネズミ1➡
hekimen57-12

葉1➡
hekimen57-07

葉2➡
hekimen57-07

葉3➡
hekimen57-07

ナシ➡
hekimen57-08

ブドウ➡ hekimen57-09

ネズミ2➡
hekimen57-12

P.57 にこにこドングリ

ネズミ➡
hekimen57-14

ドングリ1➡
hekimen57-16

ドングリ2➡
hekimen57-16

ブタ➡
hekimen57-13

ウサギ➡
hekimen57-15

葉➡
hekimen57-17

かご➡ hekimen57-18

※ かごは、他のパーツの300%に
拡大するとバランスがとれます。

P.58 メリークリスマス

ツリー hekimen58-05

きらめき1 hekimen58-06

きらめき2 hekimen58-06

ネズミ hekimen58-02

窓とサンタクロース hekimen58-07

ウサギ hekimen58-01

※ ツリーは、他のパーツの200%に拡大するとバランスがとれます。

ジンジャークッキー hekimen58-09

ベル1 hekimen58-09

ベル2 hekimen58-09

鳥 hekimen58-03

クマ hekimen58-04

はしご hekimen58-08

オーナメント hekimen58-09

靴下 hekimen58-09

P.58 おはなし大好き

クマ hekimen58-11

窓 hekimen58-10

本棚 hekimen58-12

ウサギ hekimen58-13

ネコ hekimen58-16

ネズミ hekimen58-14

絵本 hekimen58-15

花1 hekimen58-17

花2 hekimen58-17

P.59 雪あそび楽しいね!

雪だるま1 →
hekimen59-01

雪だるま2 →
hekimen59-01

雪だるま3 →
hekimen59-02

リス →
hekimen59-03

小鳥 →
hekimen59-04

ネズミ →
hekimen59-05

キツネ →
hekimen59-06

木1 → hekimen59-07

木2 → hekimen59-07

雪の結晶1 →
hekimen59-08

雪の結晶2 →
hekimen59-08

雪の結晶3 →
hekimen59-08

※ 六つ折りして、
◯ の部分を
切り取って作ります。

P.59 雪合戦スタート!

子ども1 →
hekimen59-09

子ども2 →
hekimen59-10

子ども3 →
hekimen59-11

子ども4 →
hekimen59-12

雪 →
hekimen59-13

木 → hekimen59-13

おうち →
hekimen59-14

CD-ROM をご使用の前に

CD-ROMには、製作アイデアと壁面かざりの型紙（PDF）、指導計画（Word）、おたより（テンプレート：Word、イラスト：jpg、文例：テキスト）が入っています。

使用許諾について

● 本書掲載およびCD-ROM収録の製作アイデアと壁面かざりの型紙、指導計画、イラスト、文例の著作権・使用許諾権・商標権は、弊社および著作権者に所属します。

● 本書掲載およびCD-ROM収録の製作アイデアと壁面かざりの型紙、指導計画、イラスト、文例は、営利目的では使用できません。ご購入された個人または法人が営利を目的としない場合のみ、ご利用できます。ただし、以下のことを順守してください。

● 園児募集などのPRを目的としたポスター、園バスのデザイン、物品に印刷しての販促の利用や販売すること、私的利用を含めたホームページに使用することはできません。また、ほかの出版物、企業のPR広告、企業や店のマークなどへの使用もできません。

● 本書掲載およびCD-ROM収録の製作アイデアと壁面かざりの型紙、指導計画、イラスト、文例を複製し、第三者に譲渡・販売・貸与・頒布（放送やインターネットを通じたものも含む）することは禁じられています。

CD-ROMの取り扱いについて

● 付属のCD-ROMをご使用いただくには、お使いのパソコンにCD-ROMドライブ、またはCD-ROMを読み込めるDVD-ROMドライブが装備されている必要があります。

● CD-ROMの裏面に傷をつけると、データが読み取れなくなる可能性がありますので、取り扱いには十分ご注意ください。

注意事項について

● 付属のCD-ROMに収録されているデータの使用方法についてのサポートは行っておりません。

● 付属のCD-ROMを使用したことにより生じた損害、障害、その他いかなる事態にも、弊社は一切責任を負いません。

※ Windows、Microsoft Office Wordなどは、米国Microsoft Corporationの登録商標です。本書では、商標登録マークなどの表記は省略しています。

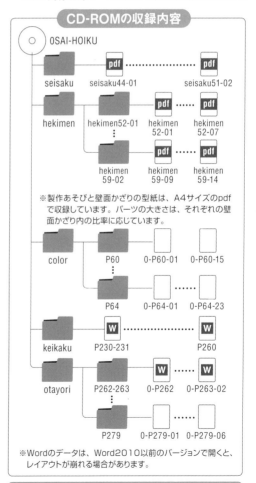

CD-ROMの収録内容

OSAI-HOIKU

seisaku — seisaku44-01 …… seisaku51-02

hekimen — hekimen52-01 — hekimen 52-01 …… hekimen 52-07
⋮
hekimen 59-02 — hekimen 59-09 …… hekimen 59-14

※ 製作あそびと壁面かざりの型紙は、A4サイズのpdfで収録しています。パーツの大きさは、それぞれの壁面かざり内の比率に応じています。

color — P60 — 0-P60-01 …… 0-P60-15
⋮
P64 — 0-P64-01 …… 0-P64-23

keikaku — P230-231 …… P260

otayori — P262-263 — 0-P262 …… 0-P263-02
⋮
P279 — 0-P279-01 …… 0-P279-06

※ Wordのデータは、Word2010以前のバージョンで開くと、レイアウトが崩れる場合があります。

「CD-ROMの使い方」は、CD-ROM内のPDFを開いてご確認ください。

● 監修・執筆

横山洋子（よこやま ようこ）

千葉経済大学短期大学部こども学科教授。国立大学附属幼稚園、公立小学校勤務ののち現職。著書は『保育の悩みを解決！　子どもの心にとどく指導法ハンドブック』、『CD-ROM付き 子どもの育ちを伝える幼稚園幼児指導要録の書き方&文例集　第2版』（以上ナツメ社）、『根拠がわかる！　私の保育総点検』（中央法規出版）など多数。

本文デザイン……………… 秋生浩二、野村友美（mom design）
本文DTP…………………… 有限会社エムアンドケイ
型紙作成…………………… 株式会社 奏クリエイト
データ作成………………… 有限会社エムアンドケイ
CD−ROM作成……………… 株式会社ライラック
編集協力…………………… 株式会社スリーシーズン、山縣敦子、森田香子、伊藤恵利子、株式会社鷗来堂
編集担当…………………… 小髙真梨（ナツメ出版企画株式会社）

本書に関するお問い合わせは、書名･発行日･該当ページを明記の上、下記のいずれかの方法にてお送りください。電話でのお問い合わせはお受けしておりません。
・ナツメ社webサイトの問い合わせフォーム
　https://www.natsume.co.jp/contact
・FAX（03-3291-1305）
・郵送（下記、ナツメ出版企画株式会社宛て）
なお、回答までに日にちをいただく場合があります。正誤のお問い合わせ以外の書籍内容に関する解説･個別の相談は行っておりません。あらかじめご了承ください。

CD-ROM付き　子どもの力が伸びる

0歳児の保育 12か月

2020年3月　5日　初版発行
2024年3月　1日　第4刷発行

監修者　横山洋子　　Yokoyama Yoko,2020
発行者　田村正隆
発行所　株式会社ナツメ社
東京都千代田区神田神保町1-52
ナツメ社ビル1F（〒101-0051）
電話　03（3291）1257（代表）
FAX　03（3291）5761
振替　00130-1-58661
制　作　ナツメ出版企画株式会社
東京都千代田区神田神保町1-52
ナツメ社ビル3F（〒101-0051）
電話　03（3295）3921（代表）
印刷所　図書印刷株式会社

ISBN978-4-8163-6792-2

Printed in Japan

［巻頭カラー特集］

● **「0歳児の保育12か月」でレッツ保育！**　漫画／すぎやまえみこ　写真協力／社会福祉法人正愛会南船橋保育園
● **0〜2歳児の発達を知ろう**　執筆／西坂小百合（共立女子大学家政学部児童学科 教授）　イラスト／喜多村素子
● **0歳児のケア&生活**　撮影協力／日本大学認定こども園　撮影／矢部ひとみ　イラスト／石崎伸子
● **0.1.2歳児 保育のキホン／「指導計画」の立て方**　執筆／横山洋子（千葉経済大学短期大学部こども学科教授）　イラスト／ささきともえ
● **製作あそび 取り組み方のヒント**　指導／宮地明子　イラスト／ホリナルミ
● **製作あそび**　プラン・製作／町田里美、渡井しおり　撮影／林均、正木達郎　作り方イラスト／天田よう、つかさみほ
● **壁面かざり**　プラン・製作／うえはらかずよ、田中なおこ、つかさみほ、渡守武裕子、藤沢しのぶ、マメリツコ、みさきゆい、宮地明子　撮影／林均
● **おたよりイラスト／マーク・メダル**　イラスト／うえはらかずよ、蔵澄咲帆、とみたみはる、みさきゆい、miyako

［PART1 クラスづくり］

● **保育の見通し／環境構成／保育者の援助**　執筆／社会福祉法人東京児童協会江東区白河かもめ保育園（副園長 原 麻美子、髙﨑江利奈、野末真由）　漫画／ヤマハチ　イラスト／とりうみゆき、Meriko 、やまざきかおり　写真協力／社会福祉法人東京児童協会江東区白河かもめ保育園　撮影／矢部ひとみ
● **今月のねらい／チェックポイント**　執筆／横山洋子（千葉経済大学短期大学部こども学科教授）　写真協力／社会福祉法人正愛会南船橋保育園
● **あそび**　あそびプラン／浅野ななみ、須貝京子、頭金多絵、柳澤秋孝、柳澤友希、渡辺リカ　イラスト／秋野純子、石崎伸子、くるみれな、坂本直子、町田里美、町塚かおり、みさきゆい、Meriko
● **手あそび うたあそび**　選曲／阿部直美　イラスト／くるみれな、みさきゆい　楽譜浄書／長尾純子
● **絵本**　選書／遠藤裕美
● **読み取ろう子どもの育ち**　執筆／江口マミ子（日本大学認定こども園 園長）　イラスト／熊本奈津子

［PART2 保護者対応］

執筆／太田富美枝（社会福祉法人正愛会南船橋保育園 園長）
イラスト／コダシマアコ

［PART3 指導計画］

● **年間指導計画、個人案、事故防止チェックリスト**　執筆・協力／富山県小矢部市石動西部保育園 理事長 中西千賀子、栖祥子　イラスト／中小路ムツヨ　協力／東京都世田谷区 子ども・若者部 保育課

［PART4 クラス運営のヒント］

おたよりイラスト／イシグロフミカ、うえはらかずよ、おおたきょうこ、大月季巳江、北村友紀、熊本奈津子、蔵澄咲帆、瀬戸めぐみ、たかしまよーこ、田中なおこ、どうまんかずのり、とみたみはる、ナシエ、福島幸、町田里美、みさきゆい、miyako 、Meriko 、やまざきかおり、わたなべふみ　文例執筆／浅野ななみ、原麻美子（社会福祉法人東京児童協会江東区白河かもめ保育園 副園長）